Temor y temblor

Sören KIERKEGAARD

Biblioteca de Obras
Maestras del Pensamiento

Temor y temblor

Traducción del alemán:
Jaime Grinberg

EDITORIAL LOSADA
BUENOS AIRES

Kierkegaard, Sören
    Temor y temblor. - 1ª ed. 2ª reimp. - Ciudad Autónoma de
    Buenos Aires : Losada, 2014. - 160 p. ; 20x14 cm. - (Obras
    Maestras del pensamiento)

    Traducido por: Jaime Grinberg
    ISBN 978-950-03-9273-0

    1. Filosofía Moderna. I. Jaime Grinberg, trad. II. Título
    CDD 190

Título original:
Frygt of Boeven

1ª edición, 2ª reimpresión en Biblioteca de Obras Maestras
del Pensamiento: julio de 2014

© Editorial Losada, S. A.
   Moreno 3362,
   Buenos Aires, 1947

Distribución:
Capital Federal: Vaccaro Sánchez, Moreno 794 - 9º piso
(1091) Buenos Aires, Argentina.
Interior: Distribuidora Bertrán, Av. Vélez Sársfield 1950
(1285) Buenos Aires, Argentina.

Traducción: *Jaime Grinberg*
Composición: *Taller del Sur*

ISBN 978-950-03-9273-0

Libro de edición argentina
Queda hecho el depósito que marca la ley 11.723
Tirada: 2.000 ejemplares
Impreso en la Argentina - *Printed in Argentina*

Prólogo[1]

*Lo que Tarquino el Soberbio daba a entender
con las amapolas de su jardín, su hijo lo comprendió, pero no el mensajero.*

HAMANN[2]

Nuestra época organiza una verdadera liquidación en el
mundo de las ideas como en el mundo de los negocios. Todo se obtiene a precios tan irrisorios que cabe preguntarse si
al fin habrá comprador. Todo marcador de la especulación,
concienzudamente aplicado a puntualizar las etapas de la significativa evolución de la filosofía, cualquier profesor, maestro, o estudiante, cualquier filósofo, aficionado o profesio-
nal no se detiene en la duda radical, sino que va más lejos.
Sería sin duda intempestivo preguntarles adónde van a ese

[1] Según Valerio Máximo, cuando el hijo de Tarquino se hubo apodera-
do de Gabies, envió un mensajero a preguntarle a su padre qué debía hacer.
Tarquino, que desconfiaba del mensajero, lo llevó a su jardín, y, sin decir palabra, tronchó con su bastón las amapolas más grandes. Con este epígrafe
Kierkegaard indica que la obra tiene un sentido secreto que debe ser descu-
bierto por el lector, y ante todo por la novia con quien ha roto oficialmente,
Regina Olsen. Había pensado primero poner como epígrafe al libro estas palabras: "Escribes ¿para quién? – Escribes para los muertos, para aquellos que
amas en el pasado. –¿Me leerán, pues? –No". Para él, Regina es "la difunta de
los primeros amores", sacrificada a la ruptura de los esponsales; pero conserva la esperanza de volverla a encontrar en una repetición aquí abajo.

[2] En esta nota preliminar, Kierkegaard alude a la reseña que hizo H. L.
Martensen sobre el discurso de introducción a la lógica especulativa de J. L.
Heiberg, *Dans Maanedsskr (1836).*

paso, pero se daría prueba de honesta cortesía teniendo como cosa cierta que han dudado de todo, pues de otra manera sería extraño decir que van más lejos. Todos ellos hicieron ese acto previo y, según todas las apariencias, con tanta facilidad que no juzgan necesario dar explicaciones; se busca en vano, con un cuidado minucioso, una pequeña luz, un indicio, la menor prescripción dietética sobre la conducta que debe seguirse en esta inmensa tarea. "¿Pero Descartes lo hizo bien?" Descartes, pensador venerable, humilde y leal, cuyos escritos seguramente nadie dejará de leer sin la más profunda emoción; Descartes hizo lo que dijo y dijo todo lo que hizo. ¡Ah! ¡Ah! ¡Eso no es tan común en nuestros días! Descartes no dudó en materia de fe, como él mismo lo repite muchas veces: *"No debemos presumir tanto que creamos que Dios nos haya querido hacer partícipes de sus resoluciones... Tendremos, sobre todo, como regla infalible, que lo revelado por Dios es incomparablemente más cierto que todo lo demás, con el fin de que, si algún destello de razón pareciese sugerirnos alguna idea contraria, estemos prestos siempre a someter nuestros juicios a cuanto venga de él... (Principios de Filosofía,* Primera parte, 28 y 76). No impuso a todos la obligación de dudar ni la proclamó con vehemencia, porque era un pensador apacible y solitario, y no el sereno que da la alarma; modestamente declaró que su método sólo tenía importancia para él mismo, y que se había visto impulsado a concebirlo, en cierta medida, por la confusión de sus anteriores conocimientos: *"Mi propósito no es enseñar aquí el método que cada cual debe seguir para dirigir su razón, sino mostrar solamente de qué modo he tratado de guiar la mía... Tan pronto como acabé el curso de estudios a cuyo término estamos acostumbrados a que se nos reciba en la categoría de los doctos, cambié completamente de opinión; pues me vi embarazado por tantas dudas y errores que me pareció no haber sacado otro prove-*

cho al tratar de instruirme, sino descubrir cada vez más mi ignorancia (*Discurso del método*. Primera parte). Aquello que los antiguos griegos, algo conocedores de filosofía, adoptaban como tarea de toda una vida, porque la práctica de la duda no se adquiere en pocos días o pocas semanas; el término al cual llegaba el viejo luchador ya retirado de los combates, después de haber guardado el equilibrio de la duda en medio de todas las asechanzas, después de haber negado infatigablemente la certeza de los sentidos y del pensamiento, después de haber arrostrado sin cobardía los tormentos del amor propio y las insinuaciones de la simpatía; esta tarea es la que sirve hoy como iniciación para todos.

Nadie en nuestros días se detiene en la fe; va más lejos. Pasaré por tonto, sin duda, si se me ocurre preguntar adónde se va de este modo, pero seguramente daré prueba de corrección y cultura admitiendo que cada uno posee ya la fe, porque, de no ser así, sería singular la afirmación de que se va más lejos. Antaño no sucedía lo mismo; entonces la fe era una tarea asignada a la vida entera; pues, se pensaba, la aptitud para creer no se adquiere en pocos días o en pocas semanas. Cuando, después de haber combatido en lucha leal y guardado la fe, llegaba al ocaso de su vida el anciano experimentado, su corazón conservaba aún suficiente juventud para no haber olvidado el temblor y la angustia que habían disciplinado al joven y que el hombre maduro había dominado, porque nadie se libra de ellos enteramente a menos que haya logrado ir más allá desde muy temprano. Y el término al cual arribaban esas figuras venerables es hoy el punto de partida de todos para ir más lejos.

El presente autor no es de ningún modo un filósofo; no ha comprendido el sistema, si es que hay uno y si está acabado; su débil cerebro se asusta ya bastante al pensar en la prodigiosa inteligencia que es necesaria a cada uno, hoy que todo el mundo posee un pensar tan prodigioso. Aunque podamos formular conceptualmente la sustancia de la fe, no por eso hemos asido la fe, como si penetrásemos en ella o ella se introdujese en nosotros. El presente autor de ningún modo es un filósofo; es, *poetice et eleganter,* un escritor aficionado, que no escribe sistemas ni promesas de sistema; no ha caído en el exceso de sistema ni se ha consagrado al sistema. Para él, escribir es un lujo; y tanto más gana en evidencia y en placer cuanto menos compradores y lectores tiene de sus producciones. No teme prever su destino en una época en que la pasión se borra de un trazo para beneficio de la ciencia, una época en que el autor que aspira a ser leído, debe tener la precaución de escribir un libro fácil de hojear durante la siesta y la precaución de presentarse con la cortesía de ese jardinero del anuncio, quien, sombrero en mano y con el certificado de su último amo, se recomienda al muy honorable público. El autor prevé su suerte: pasará completamente inadvertido; adivina con temor que la envidiosa crítica muchas veces le impulsará a dar un latigazo; más aún, tiembla al pensar que algún celoso escriba, algún tragón de parágrafos (por otra parte siempre dispuesto, por la salvación de la ciencia, a tratar las obras de los demás según hacía Trop,[1] frente a *La destrucción del género humano,* para "salvar el gusto"), tiembla al pensar que este censor –inflexible como el hombre que para dar satisfacción a la ciencia de la puntuación dividía su escrito contando las palabras: treinta y cinco hasta el punto y coma, cincuenta hasta el punto– lo despedace en parágrafos. Me inclino con la más profunda sumisión ante

---

[1] Trop, personaje de *Recensenten og Dyret,* de J. L. Heiberg.

cualquier pleitista sistemático. "No es el sistema, eso nada tiene que ver con el sistema. Le deseo toda la felicidad posible, así como a todos los daneses interesados en este ómnibus,[1] porque no será nunca una torre lo que ellos erijan. A todos y a cada uno en particular les deseo éxito y buena suerte."

Muy respetuosamente,

JOHANNES DE SILENTIO

---

[1] En Copenhague los ómnibus se establecieron hacia 1840.

Atmósfera[1]

Érase una vez un hombre que en su niñez había oído la hermosa historia de Abraham, a quien Dios ponía a prueba, que vencía la tentación, conservaba la fe y recibía inesperadamente a su hijo por segunda vez. En su madurez, volvió a leer el relato, esta vez con admiración acrecida porque la vida había separado lo que en la piadosa simplicidad de la infancia estuvo unido. A medida que envejecía, su pensamiento retornaba a esta historia con mayor frecuencia y con pasión cada vez mayor; sin embargo, la comprendía cada vez menos. Acabó por olvidar toda otra cosa; su alma sólo tuvo un deseo: ver a Abraham; sólo un pesar; no haber sido testigo del acontecimiento. No anhelaba ver los hermosos países de Oriente, ni las maravillas de la Tierra prometida ni la piadosa pareja cuya senectud fue bendecida por Dios, ni la figura venerable del patriarca harto de días, ni la exuberante juventud de Isaac, donado como presente por el Eterno: lo mismo hubiera podido suceder en su estéril páramo sin dificultad alguna. Hubiera querido ser partícipe del viaje

[1] En la parte lírica de la obra, Kierkegaard mezcla la historia de las relaciones con su padre y con Regina. Se considera como "el hijo de la vejez", y no como un hijo "de viejo". El hombre de que aquí se trata es quizás el padre de Kierkegaard mismo, quien, en este preludio, hace el proceso de un tipo de romanticismo, como en el prefacio hace el del sistema de Hegel.

de los tres días, cuando Abraham cabalgaba sobre su asno, su tristeza ante él e Isaac a su lado. Hubiera querido estar presente en el instante en que Abraham, al alzar los ojos, vio en lontananza la montaña de Morija; en el instante en que despidió a los asnos y trepó la cuesta, solo con su hijo, porque estaba preocupado por los temores de su pensamiento, no por los ingeniosos artificios de la imaginación.

Este hombre, por lo demás, no era un pensador; no sentía ningún deseo de ir más allá de la fe; ser llamado padre de la fe por la posteridad le parecía la mejor fortuna, y consideraba digno de envidia el poseerla aunque nadie lo supiese.

Este hombre no era un sabio exégeta; ni siquiera sabía el hebreo; de haber sabido leerlo, hubiera comprendido entonces sin dificultad la historia de Abraham.

I

Y Dios puso a Abraham a prueba y le dijo: toma a tu hijo, tu único hijo, el que amas, Isaac; ve con él al país de Morija, y allí ofrécelo en holocausto sobre una de las montañas que te diré

Era muy de mañana; Abraham se levantó, hizo enalbardar los asnos, dejó su casa con Isaac, y desde la ventana los vio descender Sara por el valle hasta que los perdió de vista. Anduvieron silenciosamente durante tres días; la mañana del cuarto, Abraham no dijo una palabra, pero levantando sus ojos vio en la lejanía los montes de Morija. Despidió a sus servidores y tomando a Isaac de la mano trepó la montaña. Y Abraham se decía: "Pero no puedo ocultarle y más tiempo adónde le conduce este andar". Se detuvo, apoyó su mano sobre la cabeza de su hijo para bendecirlo, e Isaac se inclinó para recibir la bendición. Y la faz de Abraham era la de un padre; dulce era su mirar, y su voz exhortaba. Pero Isaac no podía comprenderle, su alma no podía elevarse tanto; se abrazó a las rodillas de Abraham, se arrojó a sus pies y clamó por la gracia; imploró por su juventud y sus dulces esperanzas; habló de las alegrías de la casa paterna, evocó la soledad y la tristeza. Entonces Abraham lo levantó, lo tomó de la mano y se puso en camino, y su voz exhortaba y consolaba. Mas Isaac no podía comprenderle. Abraham trepó por la montaña de Morija; Isaac no le comprendía. Entonces se apartó Abraham por un momento del lado de su hijo, y cuando de nuevo miró Isaac la faz de su padre la halló cambiada, porque el mirar se le había hecho feroz y aterradoras las facciones. Agarró a Isaac por el pecho, lo arrojó por tierra y gritó: "¡Estúpido! ¿Crees tú que soy tu padre? ¡Soy un idólatra! ¿Crees tú que obedezco al mandato divino? ¡Hago lo que me viene en gana!" Entonces Isaac se estremeció y exclamó en su angustia: "¡Dios del cielo! ¡Ten piedad de mí! ¡Dios de Abraham! ¡Ten piedad de mí! ¡Sé mi padre, ya no tengo otro en esta tierra!" Pero Abraham se dijo muy quedo: "Dios del cielo, yo te doy las gracias; vale más que me crea un monstruo antes que perder la fe en ti".

Cuando la época del destete llega, la madre ennegrece el seno porque conservar su atractivo sería perjudicial para el niño que debe dejarlo. De este modo cree que su madre ha cambiado; pero el corazón de ella es siempre el mismo, y su mirada está siempre llena de ternura y de amor. ¡Feliz aquel que no tiene que recurrir a medios más terribles para destetar al niño!

II

Era muy de mañana; Abraham se levantó, abrazó a Sara, compañera de su vejez, y Sara dio un beso a Isaac, que la había preservado del escarnio, y era su orgullo y esperanza para la posteridad. Anduvieron en silencio; la mirada de Abraham permaneció fija sobre el suelo hasta el día cuarto; entonces levantando los ojos vio en el horizonte las montañas de Morija; y bajó de nuevo la mirada. En silencio preparó el holocausto y ató a Isaac; en silencio extrajo el cuchillo; entonces vio el carnero que proveyó Dios. Lo sacrificó y regresó... A partir de ese día, Abraham se hizo viejo; no pudo olvidar cuánto había exigido Dios de él. Isaac continuó creciendo; pero los ojos de Abraham se habían nublado; ya no vio más la alegría.

Cuando el niño, ya crecido, debe ser destetado, púdicamente oculta el seno su madre, y el hijo ya no tiene madre. ¡Feliz el niño que no ha perdido a su madre de otro modo!

III

Era muy de mañana; Abraham se levantó, dio un beso a Sara, la madre joven, y Sara dio un beso a Isaac, su delicia, su eterna alegría. Y Abraham, sobre su asno, cabalgó pensativo; meditaba sobre Agar y sobre su hijo, a quienes abandonó en el desierto. Trepó por la montaña de Morija y extrajo el cuchillo.

Cuando Abraham, sobre su asno, se halló solo en Morija, la tarde era apacible; se arrojó de cara contra la tierra y pidió perdón a Dios por su pecado, perdón por haber querido sacrificar a Isaac, por haber olvidado su deber de padre hacia su hijo. Tomó de nuevo, con más frecuencia, el camino solitario, pero no halló reposo. No podía concebir como pecado haber querido sacrificar su más preciado bien, aquél por quien hubiera dado su vida más de una vez, a Dios; y si era un pecado, si no había amado a Isaac hasta ese punto, no podía comprender entonces cómo podía ser perdonado; porque ¿hay pecado más terrible?

Cuando la época del destete llega, la madre está, no sin tristeza, pensando que ella y su hijo se irán separando gradualmente, y que el niño, al principio bajo su corazón, luego mecido en su seno, ya no se hallará tan cerca de ella. Y juntos sufrirán esta corta pena. ¡Feliz la que ha conservado a su hijo tan cercano a ella y no ha tenido otro motivo de desazón!

IV

Era muy de mañana. Todo estaba presto para la partida en la casa de Abraham. Se despidió de Sara, y Eliezer, el fiel servidor, los acompañó por el sendero hasta el momento en que Abraham le ordenó volverse. Concordes anduvieron Abraham e Isaac hasta la montaña de Morija. Lleno de paz y dulzura hizo Abraham los preparativos del sacrificio, pero cuando se volvió para sacar el cuchillo vio Isaac cómo se crispaba de desesperación la mano siniestra de su padre cómo sacudía su cuerpo un estremecimiento. Con todo, Abraham sacó el cuchillo.

Retornaron entonces y Sara se arrojó al encuentro de ellos; pero Isaac había perdido la fe. Jamás se habló de esto en el mundo, ni nunca dijo Isaac nada a nadie sobre lo que había visto; y Abraham no sospecha que lo hubiera visto nadie.

Cuando la época del destete llega la madre acude a una más vigorosa alimentación para evitar la muerte del niño. ¡Feliz quien dispone de alimento fuerte!

De este modo, y también de otros muy distintos, reflexionaba sobre este acontecimiento el hombre de quien hablamos. Cada vez que hacía el camino de retorno desde la montaña de Morija hasta la casa, se consumía de debilidad, juntaba las manos y exclamaba: "¿Entonces no hay nadie semejante a Abraham, nadie capaz de comprenderlo?"

Elogio de Abraham

Si el hombre no tuviese conciencia eterna; si un poder salvaje y efervescente productor de todo, lo grandioso y lo fútil, en el torbellino de las oscuras pasiones, no fuese el fondo de todas las cosas; si bajo ellas se ocultase el vacío infinito que nada puede colmar, ¿qué sería la vida sino desesperación? Y si así no fuese, si un vínculo sagrado no atase a la humanidad; si se renovasen las generaciones así como se renueva el follaje en los bosques; si unas tras otras fuesen extinguiéndose como el canto de los pájaros en la selva; si cruzasen el mundo como la nave el océano, o el viento el desierto, acto estéril y ciego; si el eterno olvido, siempre hambriento, no se hallase con una potencia de tal fuerza que fuese capaz de arrebatarle la presa que acecha ¡qué vanidad y qué desolación serían la vida! Pero no es este el caso; pues Dios ha formado el héroe y al poeta o al orador del mismo modo como creó al hombre y a la mujer. El poeta no puede cumplir aquello que el héroe ha realizado; únicamente puede amarlo, admirarlo y gozarse en ello. Sin embargo, no está menos favorecido, porque el héroe es por decirlo así lo mejor de su ser, aquel de quien está prendado; y será feliz no siendo héroe él mismo para que su amor esté hecho de admiración. El poeta es el genio del recuerdo; no puede nada sino recordar; nada sino admirar lo que fue cumplido; no saca nada de su propio fondo; pero del depósito entregado a su custodia es guardián celoso. Sigue lo que su corazón ha elegido; hallado el objeto de su búsqueda, va de puerta en puerta a recitar sus cantos y sus discursos con el fin de que todos participen de su admiración por el héroe así como de su orgullo. Ésa es su actividad, su tarea humilde, su leal servicio en la mansión del héroe. Si fiel a su amor lucha día y noche contra las asechanzas del olvido ávido de arrebatarle su héroe, una vez cumplida su misión entra en la compañía de él, que lo ama con amor igualmente leal; porque también para el héroe el poeta es lo mejor de su ser; como un débil recuerdo seguramente, pero tan transfigurado como él. Por eso nada será olvidado de aquellos que fueron grandes; y si es menester tiempo, si aun las sombras de la incomprensión disipan la figura del héroe, su amador aparece, sin embargo; y tanto más fielmente se unirá a él cuanto mayor sea su tardanza.

¡No! Nada se perderá de aquellos que fueron grandes, cada uno a su modo y según la grandeza del objeto que *amó.* Porque fue grande por su persona quien se amó a sí mismo; y quien amó a otro fue grande dándose; pero fue el más grande de todos quien amó a Dios. Los grandes hombres serán célebres en la historia; pero cada cual fue grande según el objeto de su *esperanza:* uno fue grande en la que atiende a lo posible; otro en la de las cosas eternas; pero el más grande de todos fue quien esperó lo imposible. Los grandes hombres sobrevivirán en la memoria; pero cada uno de ellos fue grande según la importancia de aquello que *combatió.* Porque quien luchó contra el mundo fue grande triunfando del mundo; y fue grande por su victoria sobre sí mismo quien luchó contra sí mismo; pero fue el más grande de todos quien luchó contra Dios. Tales fueron los combates librados sobre esta tierra: hombre contra hombre, uno contra mil; pero quien luchó contra Dios fué el más grande de todos. Tales fueron los combates aquí abajo: uno arribó al término de todo usando su fuerza; otro desarmó a Dios por su propia debilidad. Los hay que se apoyaron en sí mismos y triunfaron de todo; otros lo sacrificaron todo; pero fue el más grande de todos quien creyó en Dios. Y hubo hombres grandes por sus energías, saber, esperanza o amor; pero Abraham fue el más grande de todos: grande por la energía cuya fuerza es debilidad, por el saber cuyo secreto es locura; por la esperanza cuya forma es demencia; por el amor que es odio de sí mismo.

Por la fe Abraham dejó la tierra de sus mayores y fue extranjero en tierra prometida. Abandonó una cosa, su razón terrestre, y tomó otra, la fe; si no, pensando en lo absurdo de su viaje no habría partido. Por la fe fue extranjero en tierra prometida, donde nada le recordaba aquello que amó, mientras que la novedad de todas las cosas introducía en su alma la tentación de un doloroso arrepentimiento. ¡Con todo, era el elegido de Dios, en quien el Eterno se complacía! En verdad, de haber sido un desheredado, un despojado de la gracia divina, quizás hubiera comprendido mejor esa situación que parecía una burla a él y a su fe. También hubo en el mundo quien vivió desterrado de su patria bienamada. No se le a olvidado, ni tampoco sus quejas allí donde en su melancolía buscó y halló lo que había perdido. Abraham no ha dejado lamentaciones. Es humano condolerse y llorar con el que llora; pero es más grande creer, y más reconfortante aún contemplar al creyente.

Por la fe Abraham obtuvo la promesa de que todas las naciones de la tierra serían bendecidas en su posterioridad. El tiempo pasaba, quedaba la posibilidad y Abraham creía.

El tiempo pasó, la espera se hizo absurda, y Abraham creyó. Se ha visto también en el mundo a quien tuvo una esperanza. Pasó el tiempo, la tarde llegó a su ocaso, pero este hombre no tuvo la cobardía de renegar de su esperanza; por eso tampoco se le olvidará nunca. Luego conoció la tristeza y su amargura, lejos de decepcionarlo como la vida, hizo por él todo lo que pudo y con su consuelo le dio la posesión de su burlada esperanza. Conocer la tristeza es humano, humano es participar de la pena del afligido; pero más grande es creer y aun más reconfortante contemplar al creyente. Abraham no nos ha dejado lamentaciones. A medida que transcurría el tiempo, no iba contando tristemente los días; no observaba a Sara con inquieto mirar para ver si los años cavaban surcos sobre su rostro; no detenía el curso del sol para impedir que Sara envejeciese y su esperanza con ella; no cantaba a Sara triste cántico para apaciguar su dolor. Él envejeció y Sara fue objeto de burlas en el país; con todo, era el elegido de Dios y el heredero de la divina promesa de que todas las naciones de la tierra serían bendecidas en su posteridad. ¿No hubiera valido más no ser el elegido de Dios? ¿Qué significa, pues, serlo? Es ver contrariado en la primavera de la vida el deseo de la juventud, para obtener el favor sólo en la senectud, después de grandes dificultades. Pero Abraham creyó y mantuvo firmemente la promesa, a la cual habría tenido que renunciar, de haber vacilado. Habríale dicho entonces a Dios: "Quizás tu voluntad no es que mi deseo se realice; por lo tanto, renuncio a mi voto, el único, en el que ponía mi felicidad. Mi alma es recta y no guarda secreto rencor por tu repulsa". No se lo hubiera olvidado; muchos se habrían salvado con su ejemplo; pero no habría llegado a ser el padre de la fe. Porque es grande renunciar al voto más caro, pero más grande es cumplirlo después de haberlo abandonado; grande es asir la eternidad, pero más grande aún guardar lo temporal después de haber renunciado a ello. Después los tiempos fueron cumplidos. Si Abraham no hubiera tenido fe, Sara indudablemente habría muerto de amargura, y él, roído de tristeza, no habría comprendido el favor; pero habría sonreído como ante un sueño de juventud. Abraham creyó, y por eso se mantuvo joven; pues quien espera siempre lo mejor envejece en las decepciones y quien aguarda siempre lo peor se gasta temprano; pero quien cree conserva una eterna juventud. ¡Bendita sea, pues, esta historia! Porque Sara, aunque avanzada en edad, fue lo bastante joven para apetecer los goces de la maternidad, y Abraham, a pesar de sus cabellos grises, se sintió joven para anhelar ser padre. A primera vista el milagro parece consistir en que el suceso aconteció según su esperanza; pero, en el sentido profundo, el milagro de la fe reside en que Abraham y Sara fueron lo suficientemente jóvenes para desear, y en que la fe mantuvo el deseo, y de este modo la juventud. Él vio el favor de la promesa y lo alcanzó por la fe; y todo sucedió en concordancia con la promesa y según la fe; porque Moisés golpeó con su vara la roca, pero no creyó.[1]

Entonces hubo alegría en la casa de Abraham, y Sara fue la esposa de las bodas de oro.

Esta felicidad, sin embargo, no debía durar; una vez más debió Abraham conocer la prueba. Había hecho frente al cazurro poder al cual nada se le escapa, al enemigo cuya vigilancia jamás cesa en el transcurso de los años, al anciano que sobrevive a todo; había luchado contra el tiempo y había mantenido la fe. Y entonces todo el terror del combate se concentró en un instante: "Y Dios puso a prueba a

---

[1] *Libro de los Números,* XX, vers. 11.

Abraham y le dijo: toma tu hijo, el único, aquel a quien tú amas, Isaac; ve con él al país de Morija y allí ofrécelo en holocausto sobre uno de los montes que yo te señalaré".

Así, todo estaba perdido. ¡Oh, desgracia, más terrible aún que el deseo jamás concedido! ¡El Señor, pues, no hacía sino jugar con Abraham! Después de haber realizado lo absurdo mediante el milagro, ahora quería ver su obra convertida en nada. ¡Qué locura! Pero Abraham no se rió como Sara cuando se les anunció la promesa.[1] Setenta años[2] de la espera más fiel y breve alegría de la fe satisfecha. ¿Quién es él, pues, que arranca el bastón de las manos del viejo, quién es él para exigir que el anciano padre lo quiebre por sí mismo? ¿Quién es él para dejar inconsolable al hombre de cabellos grises exigiéndole ser el instrumento de su propia desgracia? ¿No hay compasión para el anciano venerable y para el inocente niño? Y con todo, Abraham era el elegido de Dios, y quien le infligía la prueba era el Señor. ¡Entonces todo debía perderse! El renombre magnífico de la futura raza, la promesa de una posteridad, todo eso no era sino el destello de un fugitivo pensamiento divino que Abraham debía apagar ahora. Ese fruto magnífico,[3] tan antiguo en el corazón de Abraham como la fe y anterior en muchos años a Isaac, ese fruto de la vida de Abraham santificado en la plegaria, madurado en la lucha, esa bendición en labios del padre, ese fruto debla serle arrebatado y perder todo sentido: ¡qué sentido podía encerrar la promesa cuando era menester sacrificar a Isaac! Esta hora de tristeza, y sin embargo dichosa, en

---

[1] *Génesis*, XVIII, 12. Compárese *Génesis*, XVII, 17.

[2] Según el *Génesis* Abraham tenía setenta y cinco años cuando recibió la promesa (XII, 4); cien años cuando nació Isaac (XXI, 5) y ciento setenta y cinco al morir (XXV, 7).

[3] *Génesis*, XII, 2.

la cual Abraham, levantando por última vez su testa venerable, resplandeciente la faz como la del Señor, recogiendo su alma para dar la bendición cuya virtud se prolongaría sobre toda la vida de Isaac, habría de decir adiós a todo lo que amaba, ¡esa hora no llegaría nunca! Porque Abraham, permaneciendo aquí abajo, debía sin embargo despedirse de su hijo; la muerte había de separarlos, pero haciendo de Isaac su presa. En su lecho de muerte le estaría vedado al anciano extender jubilosamente su diestra sobre la cabeza del hijo para otorgarle su bendición, sino que, cansado de la vida, debía levantar sobre él su brazo en su gesto asesino. Y Dios lo ponía a prueba. ¡Desgracia! ¡Desgracia para el mensajero portador de esa nueva! ¿Quién se atrevía a ser emisario de tal desolación? Mas era Dios quien probaba a Abraham.

Sin embargo, Abraham creyó; y creyó para esta vida. Si su fe se hubiera referido sólo a una vida futura, con facilidad se habría despojado de todo para abandonar pronto un mundo al cual no pertenecía ya. Pero la fe de Abraham no era así, si es que la hay de esa manera; porque, a decir verdad ni es la fe sino su más remota posibilidad la que adivina su objeto en el horizonte más lejano, aun cuando separada de él por un abismo donde se agita la desesperación. Pero la fe de Abraham era para esta vida; el creyó que habría de envejecer en el país, honrado por el pueblo, bendecido en su posteridad, inolvidable a través de Isaac, su amor, más caro en esta vida, a quien abrazaba con un afecto tal, que queda mal expresado cuando se dice que cumplía fielmente su deber de padre, según el texto, "tu hijo, aquel a quien amas".[1] Jacob tuvo doce hijos y sólo amó a uno; Abraham tuvo únicamente uno, aquel a quien amaba.

[1] *Génesis*, XXII, 2.

Pero Abraham creyó y no dudó de ningún modo; creyó lo absurdo. De haber dudado, habría obrado de diferente manera, hubiera realizado un acto magnífico y grande; ¿hubiera podido acaso haber hecho otra cosa? Se habría dirigido a la montaña de Morija, habría partido la leña, encendido la pira, sacado el cuchillo; hubiera gritado a Dios: "No menosprecies este sacrificio; de todos mis bienes sé que no es el mejor; porque ¿qué es un viejo en comparación con el hijo de la promesa? Pero es lo mejor que puedo ofrendarte. Haz que Isaac jamás se entere para que su juventud lo consuele". Y se habría hundido el cuchillo en el seno. Entonces hubiera sido la admiración del mundo, y su nombre no se habría olvidado; pero una cosa es ser admirado y otra muy diferente ser la estrella que guía y salva al angustiado. Mas Abraham creyó. No rogó para si, para enternecer al Señor; no se anticipó a suplicar sino cuando un justo castigo cayó sobre Sodoma y Gomorra.[1]

Leemos en la Escritura:[2] "Y Dios puso a prueba a Abraham y le dijo: Abraham, Abraham, ¿donde estás? Y Abraham le respondió: "Aquí estoy". ¿Has hecho otro tanto tú, a quien se dirige mi discurso? ¿No has clamado a las montañas "¡ocultadme!"[3] y a las rocas "sepultadme" cuando viste llegar desde lejos los golpes de la suerte? O bien, si tuviese más fortaleza, ¿no se adelantó tu pie con lentitud suma por la buena senda? ¿No suspiraste por los antiguos senderos? Y cuando el llamado resonó ¿guardaste silencio o respondiste muy quedo, quizás con un murmullo? Abraham no respondió así; con valor y júbilo, lleno de confianza y a plena voz

---

[1] *Génesis*, XVIII, 23 y siguientes.
[2] *Génesis*, XXII, 1.
[3] Evangelio de San Lucas, XX.

exclamó: "¡Aquí estoy!" Leemos todavía:[1] "Y Abraham se levantó muy temprano". Se vistió como para una fiesta, y muy de madrugada se dirigió al paraje designado, sobre la montaña de Morija. No dijo nada a Sara ni a Eliezer: por otra parte ¿quién podría comprenderle? ¿Y acaso la tentación misma, por su propia naturaleza, no le había impuesto el voto del silencio? "Partió la leña, sujetó a Isaac, encendió la pira y sacó el cuchillo". ¡Mi amado oyente! Muchos padres han creído perder con sus hijos su más preciado tesoro en el mundo y toda esperanza para el porvenir; pero ninguno de los hijos ha sido el hijo de la promesa en el sentido en que Isaac lo fue para Abraham. Muchos padres han perdido sus hijos; pero fue la mano de Dios, la inmutable e insondable voluntad del Todopoderoso, la que se lo arrebató. Muy otro es el caso de Abraham. Una prueba más dura le estaba reservada; y la suerte de Isaac dependió del brazo de Abraham que sostenía el cuchillo. ¡Ésa era la situación del anciano frente a su única esperanza! Pero no dudó; no miró angustiosamente a derecha e izquierda, no fatigó al cielo con sus súplicas. Sabía que el Todopoderoso lo estaba probando y que ese sacrificio era el más duro de los que podía exigirle; pero sabía también que ningún sacrificio es demasiado duro cuando Dios ordena, y sacó el cuchillo.

¿Quién dio vigor al brazo de Abraham? ¿Quién mantuvo su diestra levantada impidiéndole caer de nuevo, impotente? El espectador de esta escena se siente paralizado. ¿Quién dio fortaleza al alma de Abraham y le impidió cegarse al punto de no ver ni a Isaac ni al cordero? El espectador de esta escena se siente ciego. Y sin embargo, raro es el hombre que se queda paralizado y enceguecido, y más raro aún

---

[1] *Génesis*, XXII, 3.

el hombre que relata dignamente lo sucedido. Todos nosotros lo sabemos: sólo era una prueba.

Si sobre la montaña de Morija Abraham hubiera dudado, si irresoluto hubiese mirado a su alrededor; si mientras sacaba el cuchillo hubiese visto por azar el cordero, si Dios le hubiese permitido sacrificarlo en lugar de Isaac, entonces habría vuelto a su casa y todo habría quedado como antes; habría tenido a Sara junto a él, habría conservado a Isaac; y sin embargo ¡qué cambio! Su vuelta hubiera sido una huida, su salvación un azar, su recompensa una confusión, y su futuro quizás la perdición. No habría dado testimonio ni de su fe ni de la gracia de Dios, pero habría mostrado cuán terrible es ascender a la montaña de Morija. A Abraham no se le habría olvidado, como tampoco a la montaña de Morija. Se la habría citado no como al Ararat donde se detuvo el arca,[1] sino como lugar de espanto: "Allí fue –se habría dicho– donde Abraham dudó".

¡Abraham! ¡Padre venerable! No fue menester un panegírico para consolarte de una pérdida al volver de Morija a tu casa; ¿no lo habías ganado todo y conservado a Isaac? En adelante el Señor no te lo exigió ya más, y se te vio en tu morada, sentado jubilosamente a la mesa con tu hijo, como allá arriba para toda la eternidad. ¡Abraham! ¡Padre venerable! Millares de años han corrido desde entonces, pero no te es necesario un tardío admirador para arrancar por su amor tu memoria a las potencias del olvido, porque todas las lenguas te recuerdan. Y sin embargo, tú recompensas; a quien te ama con mayor magnificencia que nadie allá arriba, lo haces feliz en tu seno, y acá abajo cautivas su mirada y su corazón con el prodigio de tu acción. ¡Abraham! ¡Pa-

---

[1] *Génesis*, VIII, 4.

dre venerable! ¡Padre segundo del género humano! Tú que fuiste el primero en sentir y manifestar esa pasión prodigiosa que desdeña la lucha terrible contra los elementos enfurecidos y contra las fuerzas de la creación para combatir con Dios, tú que has sido el primero en sentir esa pasión sublime, expresión sagrada, pura y humilde del divino frenesí,[1] tú que has sido la admiración de los paganos, perdona a quien ha intentado cantar en tu alabanza si no ha cumplido bien su empeño. Ha hablado humildemente, según el deseo de su corazón; ha hablado con brevedad, como convenía; pero jamás olvidará que te fueron necesarios cien años para recibir, contra toda esperanza, el hijo de la vejez, y que debiste sacar el cuchillo para conservar a Isaac; tampoco olvidará nunca que a los ciento treinta años no habías ido más allá de la fe.

[1] Comp. Platón, *Fedro*.

Problemata

Efusión preliminar

"Solo quien trabaja tiene pan",[1] dice un viejo proverbio inspirado en el mundo exterior y visible, y, cosa curiosa, adaptándose mal a la esfera que es por excelencia la suya; porque el mundo exterior está sometido a la ley de la imperfección; en él se ve constantemente cómo el ocioso obtiene también su alimento, y el dormilón en mucho mayor abundancia que el laborioso. Todo está en manos del poseedor en el mundo visible, sujeto a la ley de la indiferencia; el espíritu del niño obedece a su dueño, Nuredín o Aladino, y quien detenta los tesoros del mundo es el amo, cualquiera que sea la manera como los haya obtenido. En el mundo del espíritu, donde reina un orden eterno y divino, no sucede lo mismo; allí no llueve sobre el justo y el injusto a la vez;[2] allí no brilla el sol con indiferencia para los buenos y los malos; en verdad puede decirse allí: sólo quien trabaja tiene pan, sólo el angustiado halla reposo, sólo quien desciende a los infiernos salva a la amada, sólo quien saca el cuchillo recobra a Isaac. Allí el pan no es para el perezoso; se engañaría como Orfeo, burlado por los dioses, que le dieron un fantasma en lugar de Eurídice, y sufrió esa decep-

---

[1] San Pablo, Epístola II a los tesalonienses, III, 10.
[2] Evangelio según San Mateo, V, 45.

ción porque fue un afeminado sin coraje, un tañedor de cítara y no un hombre.[1] Allí nada vale tener por padre a Abraham[2] ni diez y siete cuarteles de nobleza; quien se niega a trabajar siente cumplirse en sí las palabras de la Escritura sobre las vírgenes de Israel.[3]

Una doctrina temeraria pretende introducir en el mundo del espíritu esta misma ley de indiferencia bajo la cual gime el mundo exterior. Piensa así: basta saber que es lo grande, sin necesidad de otra tarea. De este modo, esa doctrina no recibe pan y perece de inanición viendo todas las cosas trocarse en oro. Y por otra parte, ¿qué sabe ella? Miles de contemporáneos en Grecia, y en la posteridad incontables multitudes, han conocido todos los triunfos de Milcíades, pero únicamente uno de todos ellos perdió el sueño.[4] Generaciones innumerables han sabido de memoria y palabra por palabra la historia de Abraham; pero ¿a cuántos ha entregado al insomnio?

Ella tiene esa virtud singular de ser siempre magnífica por poco que se la comprenda, con la condición todavía de que se quiera trabajar y hacer el esfuerzo.[5] Pero se pretende tener inteligencia sin trabajos. Se habla de la gloria de Abraham; pero ¿de qué manera? Se describe toda su conducta de modo harto general: "fue grande amar a Dios hasta el punto de sacrificarle lo mejor que tenía". Indudablemente; pero este "mejor" es sumamente vago. En el curso del pensamiento y de la palabra se identifica con demasiada facilidad a

---

[1] Platón, *Banquete*.
[2] Evangelio según San Mateo, III, 9.
[3] Isaías, XXVI, 18.
[4] Plutarco, *Vida de Temístocles*, III.
[5] Evangelio según San Mateo, XI, 28.

Isaac con lo mejor; quien medita puede fumar su pipa a sus anchas mientras reflexiona, y el que escucha, estirar las piernas con toda comodidad. Si el joven rico que Jesús halló en su camino[1] hubiese vendido todo su patrimonio y distribuido el dinero entre los pobres, alabaríamos su comportamiento como una gran acción aunque no lo comprenderíamos sin esfuerzo; con todo, no se habría convertido en un Abraham por haber sacrificado lo mejor de sus bienes. La angustia es lo que se omite en la historia del patriarca. Porque si bien no tengo ninguna obligación moral hacia el dinero, el padre está ligado con el más noble y sagrado vinculo con su hijo. Pero como para los débiles la angustia es peligrosa, se la deja pasar en silencio: no obstante, se pretende hablar de Abraham. Se perora, y, siempre discurriendo, se alternan los dos términos de "Isaac" y "mejor", y todo va a las mil maravillas. Pero si entre los oyentes hay quienes sufren de insomnio, entonces se roza lo tragicómico del malentendido más profundo y espantoso. Nuestro hombre vuelve a su casa deseoso de imitar a Abraham; ¿no es acaso su hijo el mejor de sus bienes? Enterado el orador, acude presuroso, y, juntando toda su dignidad de sacerdote, exclama: "¡Hombre abyecto, escoria de la sociedad! ¡Qué demonio te posee y te impulsa a matar a tu hijo!" Y este pastor, a quien su sermón sobre Abraham no ha enardecido ni hecho sudar, se asombra de su poder y de la justa cólera con cuyos rayos ha fulminado al pobre hombre; está contento de sí mismo porque jamás ha hablado con tanta fuerza y unción; se dice y se lo repite a su mujer: "poseo el don de la palabra; la ocasión tan sólo es lo que hasta ahora me ha faltado; el domingo, cuando predicaba sobre Abraham, no me sentía

---

[1] Evangelio según San Mateo, XIX.

absorbido por mi tema". Si este predicador tuviera un mínimo resto de razón que perder, creo que lo perdería cuando con alma y dignidad el pecador le hubiera respondido: "pero es lo que tú mismo nos has dicho en tu sermón del domingo". ¿Cómo, por otra parte, hubiera podido el pastor imaginarse semejante cosa? No había en eso, sin embargo, nada de sorprendente; la única falta estaba en no haber sabido lo que decía. ¡Cómo no se encuentra un poeta capaz de adoptar resueltamente situaciones de este género en lugar de las sandeces con que se adornan comedias y novelas! Aquí lo trágico y lo cómico se unen en el infinito absoluto. El sermón del pastor es ya de por sí bastante ridículo, pero lo es infinitamente a causa de su efecto, tan natural sin embargo. Aún más, podría verse al pecador convertido por el sermoneo del pastor, sin oponer por eso objeción verdadera, y al celoso sacerdote retornando a su casa lleno de júbilo pensando que si conmueve a su auditorio desde lo alto del púlpito es sobre todo porque posee poder irresistible en la cura de almas, ya que el domingo agita a la asamblea, y el lunes, como un querubín que blande la espada flamígera, se presenta ante el insensato dispuesto a desmentir con sus actos el viejo proverbio que dice: "no sucede todo en la vida según el sermón del pastor".[1] En cambio, si el pecador no queda convencido, su situación es trágica. Probablemente lo ajustician o lo encierran en un manicomio; en pocas palabras, se vuelve desgraciado frente a la llamada realidad y, claro está, en sentido diferente de aquel en que lo hizo feliz Abraham, pues no perece quien trabaja.

---

[1] Decíase antes: "desgraciadamente la vida no es como el sermón del pastor"; quizás llegue la época, sobre todo gracias a la filosofía, en que podrá decirse: "felizmente la vida no es como el sermón del pastor, porque la vida con todo tiene cierto sentido, pero su sermón no tiene ninguno".

¿De qué modo explicar una contradicción como la de nuestro predicador? ¿Se dirá que Abraham ha adquirido por prescripción el título de grande hombre, de manera que un acto como el suyo es noble si es él quien lo hace, pero constituye un pecado escandaloso si lo hace otro? En tal caso no tengo deseos de suscribir un elogio tan absurdo. Si el hecho de querer matar a su hijo no puede santificarlo la fe, Abraham cae bajo el mismo juicio de todo el mundo. Pues si no se tiene el valor de ir hasta el final del pensamiento y afirmar que Abraham fue un asesino, mejor será entonces adquirir ese valor que perder el tiempo en panegíricos inmerecidos. La conducta de Abraham desde el punto de vista moral se expresa diciendo que quiso matar a su hijo, y, desde el punto de vista religioso, que quiso sacrificarlo; es en esta contradicción donde reside la angustia capaz de dejarnos entregados al insomnio y sin la cual, sin embargo, Abraham no es el hombre que es. Quizás de ningún modo haya hecho lo que se le atribuye; quizás su acto, explicándose por las costumbres de su tiempo, haya sido otro muy distinto; en este caso dejemos al patriarca en el olvido; porque, en efecto, ¿para qué recordar el pasado que no puede llegar a ser presente? Quizás, en fin, nuestro orador haya olvidado un elemento que responde al olvido moral del deber paternal. En efecto, cuando se suprime la fe reduciéndola a cero, queda únicamente el hecho brutal de que Abraham quiso matar a su hijo; conducta fácil de imitar por quienquiera que no posea la fe, quiero decir, la fe que le hace difícil el sacrificio.

En cuanto a mí, yo tengo el valor de ir hasta el final de una idea; ninguna me ha causado temor hasta el presente; y si se presentase una capaz de asustarme, espero tener al menos la franqueza de decir: temo a este pensamiento; agita en mí lo desconocido y me niego a examinarlo; entonces, si he errado, no dejaré de recibir mi castigo. Si en el juicio de que Abraham es un asesino veo la expresión de la verdad, no sé si podré hacer callar la piedad que despierta en mí. Pensándolo, indudablemente, guardaré silencio, porque no debe iniciarse a otros en semejantes consideraciones. Pero Abraham no es un prestigio, no es durmiendo como ha adquirido su celebridad; tampoco la debe a un capricho del destino.

¿Puede hablarse francamente de Abraham sin correr el riesgo de extraviar a alguno que quisiera hacer lo mismo? Si no tengo ese valor, Abraham pasará para mí en absoluto silencio, y, sobre todo, no le envileceré haciendo de él un cebo para los débiles. Pues si hacemos de la fe el valor total, si se la toma por lo que ella es, creo que puede hablarse sin peligro de esos problemas de nuestros días, que deliran bien poco en materia de fe; y no por el asesinato sino únicamente por la fe puede uno asemejarse a Abraham. Haciendo del amor un sentimiento fugitivo, un voluptuoso movimiento del alma, se están tendiendo pura y simplemente trampas a los débiles al hablar de las hazañas de esta pasión. Movimientos pasajeros como esos, los tiene todo el mundo; en cambio, si todo el mundo tratara de rehacer el terrible acto que el amor santificó como una proeza inmortal, entonces todo está perdido, el hecho sublime y su extraviado imitador.

Por consiguiente puede hablarse de Abraham, porque las grandes cosas jamás pueden dañar cuando se las encara en su sublimidad; son como una espada de doble filo, que mata y salva. Si a mí me incumbiese hablar de ello, mostraría ante todo al hombre pío y temeroso de Dios que fue Abraham, digno de que se llamase el elegido del Eterno. Solamente un hombre así puede someterse a semejante prueba, ¿pero quién es así? A continuación hablaría de su amor por Isaac. Finalmente, suplicaría a los espíritus bondadosos que me asistiesen para dar a mi discurso el fuego del amor paternal. Tan bien describiría este amor, me parece, que en el reino no habría muchos padres que se atreviesen a sostener el paralelo. Pero, de no ser el amor de ellos semejante al de Abraham, la sola idea de sacrificar a Isaac produciría una crisis religiosa. Podría comenzarse tratando el tema ante el auditorio durante varios domingos, sin apresurarse. Cuando el tema estuviese convenientemente tratado, sucedería que cierto número de padres no tendrían necesidad de oír ya más, sino que provisionalmente se considerarían dichosos de haber llegado a amar tanto como Abraham amó. Y si uno quedara que, después de haber comprendido la grandeza, pero también el horror, de la proeza de Abraham, se pusiese en camino, yo ensillaría mi caballo para ir con él. A cada alto, antes de alcanzar la montaña de Morija le diría que está libre aún para volver sobre sus pasos, para arrepentirse del error de creerse llamado a sostener una lucha semejante, para confesar su falta de valor, dejando a Dios dueño de tomar por sí mismo a Isaac, si ése es su deseo. Tengo el convencimiento de que un hombre como ése no está maldito, que puede alcanzar la felicidad como los demás, pero no en el tiempo. ¿No se le habría juzgado así acaso, aún en las épocas más creyentes? Conocí un hombre que hubiera podido salvar un día mí vida, de haber sido magnánimo. Decía sin rodeos: "Veo muy bien lo que debo hacer, pero no me atrevo; temo no llegar a tener luego la fortaleza necesaria, temo llegar a arrepentirme". Le faltaba corazón; pero ¿quién le negaría por eso su afecto?

Cuando yo hubiese hablado así y conmovido a mis oyentes, hasta llegar a hacerles sentir los combates dialécticos de la fe y su gigantesca pasión, me cuidaría muy bien de inducirlos en el error de pensar: "¡Qué fe posee! A nosotros, nos basta con tocar la orla de su traje". Yo agregaría: "De ningún modo poseo la fe: la naturaleza me ha dado una buena cabeza, y los hombres de mi tipo tienen grandes dificultades para el movimiento de la fe; con todo *no confiero ningún valor en sí al obstáculo que cuando lo vence, conduce a un buen cerebro más allá del punto a donde llega con menos trabajo el hombre de espíritu sencillo.*

Sin embargo, entre los poetas halla el amor sus sacerdotes, y a veces se oye una voz que sabe cantarlo; pero la fe no tiene cánticos; ¿quién habla en elogio de esta pasión? La filosofía va más lejos. La teología, llena de afeites, se asoma a la ventana y, mendigando los favores de la filosofía, le ofrece sus encantos. Comprender a Hegel debe de ser muy difícil; pero ¡qué bagatela comprender a Abraham! Superar a Hegel es un prodigio;[1] pero ¡qué cosa fácil es superar a Abraham! Por mi parte ya gasté demasiado tiempo en profundizar el sistema hegeliano y de ningún modo creo haber alcanzado a comprenderlo; hasta tengo la ingenuidad de suponer que si, a pesar de mis esfuerzos, no llego a asir su pensamiento en ciertos pasajes, se debe a que de hecho no está claro él consigo mismo. Sigo todo este estudio sin dificultad, naturalmente, y mi cabeza no se resiente. Pero cuando me pongo a reflexionar sobre Abraham, me siento como aniquilado. Caigo a cada instante en la paradoja inaudita que es la sustancia de su vida; a cada instante me siento rechazado, y, a pesar de su apasionado furor, mi pensamiento no puede penetrar esta paradoja ni siquiera el espesor de un cabello. Para descubrir un escape pongo en tensión todos mis músculos: instantáneamente me siento paralizado.

No ignoro las acciones que el mundo admira como grandes y magnánimas; hallan eco en mi alma porque estoy hu-

---

[1] Kierkegaard se refiere a su compatriota y contemporánea Sibbern.

mildemente seguro de que el héroe ha luchado por mí también *jam tua res agitur,*[1] me digo contemplándolo. *Entro* en el pensamiento del héroe pero no en el de Abraham: alcanzada la cima, vuelvo a caer, porque aquello que se me ofrece es una paradoja. Eso de ningún modo significa que a mis ojos la fe sea cosa mediocre sino que por lo contrario, es la más sublime, y es indigno de la filosofía sustituirla con otra cosa y convertirla en irrisión. La filosofía no puede ni debe dar la fe; su tarea es comprenderse a sí misma, saber qué ofrece; de ninguna manera debe ocultar, ni, sobre todo, escamotear una cosa como si fuese una nadería. No dejo de conocer las vicisitudes y los peligros de la vida; no los temo, y les hago frente con valor. Tengo la experiencia de las cosas terribles, mi memoria es una esposa fiel, y mi imaginación es lo que yo no soy: una niña valerosa ocupada durante todo el día en sus labores, de las cuales me habla en la noche con tanta delicadeza que me es menester cerrar los ojos aunque sus cuadros no siempre representen paisajes, flores o idilios campestres. He visto con mis ojos cosas terribles y no he retrocedido de espanto; pero sé muy bien que, si bien las he afrontado sin temor, mi valor no es el de la fe y no se le parece en nada. No puedo hacer el movimiento de la fe, no puedo cerrar los ojos y arrojarme de cabeza, lleno de confianza, en el absurdo; el acto me es imposible, pero no me vanaglorio por eso. Poseo la certeza de que Dios es amor; este pensamiento tiene para mí un valor lírico fundamental. Presente la certeza, me siento inefablemente dichoso; ausente, suspiro por ella mucho más ansiosamente que el amante por el objeto de su amor; pero no poseo la fe, no tengo ese valor. El amor de Dios es para mí, a la vez en ra-

---

[1] Horacio, Epístola 1, 18, 34.

zón directa y en razón inversa, inconmensurable con toda la realidad. Pero no por eso tengo la debilidad de entregarme a lamentaciones, ni tampoco la perfidia de negar que la fe sea algo de elevación suma. Puedo acomodarme a vivir a mi manera, alegre y contento, pero mi alegría no es la de la fe, y, en comparación, es una desgracia. No importuno a Dios con mis pequeñas inquietudes, no me preocupa el detalle, mis ojos están fijos únicamente en mi amor, cuya llama virginal considero clara y pura: la fe en la seguridad de que Dios cuida de las cosas más insignificantes. Me siento contento de estar casado en esta vida, por la mano izquierda; la fe es demasiado humilde para solicitar la derecha; que lo hago con humildad, no lo niego ni jamás lo negaré.

¿Será verdad que cada uno de mis contemporáneos es capaz de hacer los movimientos de la fe? A menos que me engañe mucho a este respecto, tienden a enorgullecerse de cumplir aquello de que seguramente no me creen capacitado: lo imperfecto. Es contrario a mi alma seguir el hábito tan frecuente de hablar de las cosas grandes sin humanidad, como si unos millares de años constituyesen una tan enorme distancia; es de estas cosas de las que hablo, de preferencia como hombres, como si hubiesen acontecido ayer, y la distancia para mí es únicamente su grandeza, en la cual hallamos o su elevación o su sentencia. Si, por lo tanto, como *héroe trágico* (pues no puedo elevarme a más altura) hubiese sido invitado a emprender un viaje real tan extraordinario como aquel de Morija, sé muy bien qué hubiera hecho. No hubiera tenido la cobardía de permanecer en un rincón junto al fuego; no me hubiera distraído en el camino, no hubiera olvidado el cuchillo para procurarme una pequeña demora, estoy casi seguro de que me hubiera hallado en orden, y aun quizá hubiera llegado con anticipación para acabar cuanto antes. Pero todavía sé qué más hubiera hecho. Me habría dicho, en el instante de montar a caballo: ahora todo está perdido; Dios exige a Isaac, yo lo sacrifico y con él a toda mi alegría; sin embargo, Dios es amor y continúa siéndolo para mí, porque, en lo temporal, Él y yo no podemos hablar, no tenemos una lengua común. Quizás en nuestros días, Pedro o Pablo, en su celo por las cosas grandes y hacerme creer que obrando realmente de esa manera yo habría cumplido una hazaña superior a la de Abraham, porque mi inmensa resignación le hubiera parecido mucho más llena de ideal y de poesía que el prosaísmo de Abraham. Ésa es, sin embargo, la mayor de las falsedades, pues mi inmensa resignación no sería sino el sucedáneo de la fe. Por consiguiente, no podría hacer más que el movimiento infinito para encontrarme a mí mismo y descansar de nuevo en mí mismo, ni amaría a Isaac como Abraham. Mi resolución de efectuar el movimiento mostraría, en rigor, mi valor humano, y el amor que con toda mi alma siento por Isaac constituye el supuesto sin el cual todo mi comportamiento es un crimen; sin embargo, no lo amaría tanto como Abraham, porque hasta el postrer instante hubiera resistido, sin llegar por eso demasiado tarde a Morija. Por otra parte, mi conducta hubiera desvirtuado toda la historia, porque, de haber recuperado a Isaac, me hubiera hallado en un gran apuro. Me hubiera costado trabajo alegrarme nuevamente en él, lo cual para Abraham no ofrece ninguna dificultad. Pues quien desde lo infinito de su alma, *proprio motu et proppriis auspiciis,* hace el movimiento infinito sin poderlo remediar, conserva a Isaac, y no solo en el dolor.

¿Qué hizo Abraham..., sin embargo? No llegó ni *demasiado pronto ni* demasiado tarde. Enjaezó su asno y lentamente emprendió la ruta. Durante todo ese tiempo tuvo fe, creyó que Dios no habría de exigirle a Isaac, aunque, si era necesario, estaba dispuesto a sacrificarlo. Creyó en virtud del absurdo, porque aquello no era cosa de cálculos humanos; y el absurdo consiste en que Dios, que era quien ordenaba ese sacrificio, al instante siguiente debía revocar su exigencia. Ascendió por la montaña; y en el momento mismo en que todavía centelleaba el cuchillo, creyó que Dios no exigiría de él a Isaac. Entonces seguramente lo sorprendió el desenlace, pero ya había recobrado su estado primitivo mediante un doble movimiento, y por eso recibió a Isaac con mayor alegría que la vez primera. Prosigamos: supongamos que Isaac fuera realmente sacrificado. Abraham creyó, no que un día sería dichoso en el cielo, sino que habría de verse colmado de alegrías aquí abajo. Dios podía darle un nuevo Isaac, devolver a la vida al niño sacrificado. Creyó en virtud del absurdo, pues todo cálculo humano ya estaba desechado desde mucho tiempo antes. Se ve, y es cosa cruel, que la amargura pueda enloquecer a un hombre; también se ve, y no lo tengo en poco que puede haber una fuerza de voluntad capaz de erguirse tan enérgicamente contra el viento, que llega a salvar la razón, si bien se vuelve uno un tanto extraño; pero que pueda perderse la razón y con ella todo lo finito, cuyo agente de cambio es ella para recuperar lo finito mismo en virtud del absurdo: eso es lo que espanta a mi alma: no por eso digo que sea cosa insignificante, cuando es, por lo contrario, el único prodigio. En general se cree que tal fruto de la fe, lejos de ser una obra maestra, es una grosera y ardua labor reservada a las más incultas naturalezas; pero eso está muy lejos de lo cierto. La dialéctica de la fe es la más sutil y la más sorprendente de todas, tiene una sublimidad de la cual puedo tener idea, pero tenerla apenas. Puedo ejecutar el salto de trampolín hacia el infinito; mi espinazo, al igual que el de un volatinero, es elástico desde la infancia, y por eso el salto me es fácil: ¡uno, dos y tres! me lanzo de cabeza en la vida, pero para el salto siguiente estoy incapacitado, no puedo hacer el prodigio sino permanecer boquiabierto ante él. Cierto, si en el instante en que montaba en su asno, Abraham se hubiese dicho: pérdida por pérdida, lo mismo me da sacrificar a Isaac, aquí, en la casa, que emprender ese largo viaje a Morija; entonces yo no habría sabido qué hacer con él, mientras que ahora me inclino siete veces antes su nombre y setenta y siete veces ante su acto. Porque no se dejó llevar de estas reflexiones, tengo la prueba en la profunda alegría que experimentó al recobrar a Isaac y observando cómo no tuvo necesidad de preparativos, cómo no le fue menester dilación alguna, para recogerse frente al mundo finito y sus placeres. De otro modo, quizá hubiera amado a Dios, pero no habría creído; porque, amar a Dios sin tener fe es reflejarse en sí mismo, pero amar a Dios con fe es reflejarse en Dios. Ésa es la cima donde se encuentra Abraham. La última etapa que pierde de vista es la de la resignación infinita. Va realmente más lejos y llega a la fe; porque todas esas caricaturas de fe, esa lamentable pereza de los tibios que dicen: "Nada nos apura, inútil es tomarnos el trabajo antes de tiempo", esa mezquina esperanza que supone: "¿puede saberse qué es lo que sucederá?; puede ser que…", esas parodias de la fe están dentro de las miserias de la vida, y ya la resignación infinita las ha cubierto con su desprecio infinito.

No puedo comprender a Abraham; en cierto sentido, no puedo aprender nada de él sin quedarme estupefacto. Si uno supone que, considerando hasta el fin la historia, puede entregarse uno a la fe, se engaña; y se quiere engañar a Dios, dispensándolo del primer movimiento de la fe; se pretende extraer de la paradoja una regla de vida. Puede ser que alguno lo consiga, porque nuestro tiempo no se detiene en la fe ni en el milagro que convierte el agua en vino, sino que va más lejos, pues convierte el vino en agua.

¿No sería mejor atenerse a la fe, y no resulta indignante repulsión que todos quieran superarla? ¿Hacia dónde piensan ir cuando hoy, proclamándolo de tantas maneras, nos negamos en detenernos en el amor? Hacia el saber del mundo, hacia los cálculos mezquinos, a la miseria y a la bajeza, a todo lo que puede hacer dudar del divino origen del hombre. ¿No sería preferible atenerse a la fe y tener la precaución de no caer?[1] Pues el movimiento de la fe debe hacerse constantemente en virtud del absurdo, y, cosa esencial, tratando de no perder el mundo finito, sino por el contrario ganarlo integralmente. En lo que a mí respecta, puedo describir muy bien los movimientos de la fe, pero no puedo reproducirlos. Para aprender a nadar uno puede proveerse de correas suspendidas del techo, se hacen muy bien los movimientos, pero no se nada. Del mismo modo puedo descomponer los movimientos de la fe; pero si me arrojo al agua indudablemente nado (porque no soy un chapoteador); sin embargo, hago otros movimientos, los del infinito, mientras que la fe hace lo contrario: después de haber hecho los movimientos de lo infinito, cumple los de la finitud. Feliz quien es capaz de eso; realiza lo prodigioso y jamás me cansaré de admirarlo; Abraham o esclavo de su casa, profesor de filosofía o humilde sirvienta, me es absolutamente igual: únicamente miro los movimientos. Pero pongo la máxima atención y no me dejo embaucar ni por mí, ni por nadie. Los caballeros de la resignación infi-

---

[1] San Pablo, *Epístola I a los Corintios*, X, 12.

nita se reconocen muy pronto: caminan con paso elástico y audaz. Pero los que llevan el tesoro de la fe engañan con facilidad suma, pues su exterior ofrece semejanza asombrosa con los que desprecian profundamente tanto la resignación infinita como la fe: el espíritu burgués.

Lo confieso sincerarnente: no he hallado en el curso de mis observaciones un sólo ejemplar auténtico del caballero de la fe, sin negar por eso que quizás un hombre, de cada dos, acaso lo sea. Sin embargo, he buscado sus rastros durante muchos años, pero en vano. Comúnmente damos la vuelta al mundo para ver ríos y montañas, nuevas estrellas, aves multicolores, peces monstruosos, razas de hombres ridículos; nos abandonamos a un estupor animal, nos quedamos boquiabiertos ante el mundo y creemos haber visto algo. Todo eso me deja indiferente. Pero si yo supiese dónde vive un caballero de la fe, iría con mis propios pies al encuentro de ese prodigio que tiene para mí interés absoluto. No lo abandonaría ni por un momento siquiera; a cada instante observaría cómo hace sus movimientos, y, considerándome enriquecido para siempre, dividiría mi tiempo en dos partes: una para observarlo y otra para ejercitarme, de modo que toda mi vida se empleara en admirarlo. Lo repito, no he hallado semejante hombre, aunque puedo representármelo muy bien. Aquí está: trabamos conocimiento; he sido presentado. En el instante mismo en que fijo sobre él mi mirada, lo rechazo de mí, retrocedo instantáneamente, junto las manos y digo a media voz: "¡Gran Dios! ¡Ése es el hombre! Pero ¿es verdaderamente él? ¡Tiene todo el aspecto de un recaudador!" Y con todo, es él. Me acerco un poco, vigilo sus menores movimientos para tratar de sorprender en él algo de otra naturaleza, una pequeña señal telegráfica que emane de lo infinito, una mirada, una expresión de fisonomía, un gesto, un aire de melancolía, una sonrisa que, por irreducible a lo finito, delate lo infinito. ¡Nada! Le examino desde la cabeza hasta los pies buscando el intersticio a través del cual salga a la luz la infinitud. ¡Nada! Es de un sólo bloque. ¿Y su conducta? Es firme, íntegramente dedicada a lo finito, y ningún burgués endomingado que da su paseo hebdomadario a Fresberg puede serlo más; pertenece completamente a este mundo, más que ningún tendero. Nada denuncia a esta naturaleza extraña y soberbia donde se reconoce al caballero de lo infinito. Se alegra con todo, se interesa por todo; y cuando se le ve intervenir en algo lo hace con una perseverancia característica del hombre terrestre cuyo espíritu está atado a estos intereses. Está realmente dedicado a lo que hace. Es tan meticuloso que al verlo parecería un escribiente que ha perdido su alma en la contabilidad por partida doble. Celebra los domingos. Va a la iglesia. Ninguna mirada celestial, ninguna señal de lo inconmensurable lo traiciona; si no se conociera, sería imposible distinguirlo del resto de la congregación, porque su manera potente y sana de cantar los salmos prueba, a lo más, que posee un buen pecho. Por la tarde va al bosque. Se entretiene con todo lo que ve: con el bullicio de la muchedumbre, con los ómnibus nuevos, con el espectáculo del Sund; y al volvérsele a encontrar en el Strandvej, se diría que es exactamente un especiero que sale a gozar del buen tiempo; porque no es poeta y he tratado en vano de descubrir en él lo inconmensurable de la poesía.

Al bajar el sol, retorna a su casa, y su paso no traiciona mayor fatiga que la de un cartero. Por el camino piensa que su esposa seguramente le ha preparado para su vuelta algún plato caliente, una verdadera novedad, ¿quién sabe?, una cabeza de cordero al *gratin* y quizá condimentada. Si se halla con alguien semejante a él, es muy capaz de acompañarlo hasta Österport para hablarle de este plato con una pasión digna de un fondero. Casualmente no tiene dos centavos pero cree a pie juntillas que su mujer le reserva esa golosina. Y si se da la casualidad, qué espectáculo digno de envidia para las gentes de alta condición y, capaz de provocar el entusiasmo del bajo pueblo es verlo sentado a la mesa: ni Esaú ha tenido apetito semejante Si su mujer no ha hecho ese plato él conserva, cosa curiosa, el mismo humor. En su camino halla un terreno para edificar; pasa un viajante. Conversan un momento y en un abrir y cerrar de ojos hace surgir el edificio: dispone de todos los medios para eso. El extraño lo abandona creyendo que se trata de un capitalista seguramente, mientras que mi admirable caballero se dice: "Si se planease el problema, ciertamente lo resolverla sin trabajo". Ya en su casa, se acoda sobre una ventana abierta, mira el lugar hacia el cual da su departamento y sigue todo lo que allí transcurre; ve una rata escabullirse bajo una canaleta, los niños que juegan; todo le interesa; y tiene ante las cosas la tranquilidad de alma de una jovencita de diez y seis años. No es un genio sin embargo, porque yo he tratado de sorprender vanamente en él el signo inconmensurable de la genialidad. Al anochecer fuma su pipa, y entonces se juraría que es un salchichero en la beatitud de la jornada terminada. Vive en una despreocupación de holgazán; y sin embargo paga el precio más caro el tiempo favorable, cada instante de su vida; porque no realiza la menor cosa sino en virtud de lo absurdo. Y con todo es como para enfurecerse, cuanto menos de celos, porque ese hombre ha efectuado y cumplido en todo instante el movimiento infinito. Vuelca en la resignación infinita la profunda melancolía de su vida, conoce la felicidad de lo infinito, ha experimentado el dolor de la total renuncia a aquello que más ama en el mundo; y gusta lo finito con tan pleno placer como aquél que no ha conocido nada mejor, no muestra señales del adiestramiento que hace sufrir inquietud y temor; se deleita con un aplomo tal que, parece, nada hay más cierto que este mundo finito. Y sin embargo toda esa representación del mundo que él produce es una nueva creación en virtud de lo absurdo. Se ha resignado infinitamente a todo para recobrarlo todo en virtud del absurdo. Constantemente efectúa el movimiento del infinito pero con una precisión y una seguridad tales que obtiene sin cesar lo finito sin que se sospeche la existencia de otra cosa. Creo que para un bailarín el esfuerzo más difícil de efectuar consiste en colocarse de un golpe en una posición precisa, sin un segundo de titubeos e incluso efectuando el salto mismo. Puede suceder que no haya acróbata dueño de semejante habilidad, pero mi caballero la posee. Muchos viven sumergidos en las inquietudes y placeres del mundo; son como aquellos que en las fiestas se quedan sin bailar. Los caballeros del infinito son bailarines a quienes no falta altura. Saltan en el aire y vuelven a caer, lo cual no deja de ser un pasatiempo divertido y hasta agradable a la vista. Pero cada vez que caen no pueden del primer intento guardar el equilibrio; vacilan un instante en una indecisión que muestra que ellos son extraños al mundo. Esta vacilación es más o menos notable según su maestría, pero ni siquiera el más hábil de todos puede disimularla. Es inútil verlos en el aire, basta observarlos en el instante en que tocan el suelo retomando pie: es entonces cuando se los conoce. Pero volver a caer de tal modo que parezca a la vez estar detenido y andando, transformar en marcha el salto hacia la vida, expresar el sublime impulso en el curso del terreno: he allí el único prodigio, aquello de que sólo el caballero de la fe es capaz.

Mas como esta maravilla puede inducir a error con facilidad, describiré los movimientos en un caso preciso suficiente para aclarar su relación con la realidad, porque aquí reside todo el problema. Un jovencito queda prendado de una princesa y toda la substancia de su vida está encerrada en ese amor; sin embargo la situación es tal que este amor no puede realizarse, es decir, traducirse de su idealidad a la realidad.[1] Los esclavos miserables, sapos enlodados en el pantano de la vida, dicen naturalmente: "¡qué locura es este amor! La rica viuda del cervecero es un perfecto partido, tan serio como conveniente". Dejémosles croar tranquilamente en el lodo. El caballero de la resignación infinita no los escucha, no renuncia a su amor ni incluso por toda la gloria del mundo. No es tan tonto. Ante todo se asegura que su amor es realmente la substancia de su vida, y su alma se siente demasiado sana y atrevida para dejar la menor parcela librada al azar. No es un cobarde pues no impide a su amor penetrar hasta lo más profundo de sus más ocultos pensamientos y dejarle enredarse en innumerables vueltas alrededor de cada ligamento de su conciencia; aunque su amor se haga desgraciado jamás podrá librarse de él. Experimenta una deliciosa voluptuosidad en dejarle vibrar en cada uno de sus nervios; su alma es tan solemne como el alma de aquel que ha apurado la copa de veneno y siente filtrarse el líquido en cada gota de su sangre...; porque ese instante es vida y muerte. Cuando de este modo ha absorbido total-

---

[1] Es claro que cualquier otro interés en el cual un individuo ve para él concentrada toda la realidad del mundo dado puede, cuando aparece como irrealizable, provocar el movimiento de la resignación. He elegido sin embargo el caso del amor para mostrar los movimientos porque este interés es más fácil de comprender y me evita de este modo todas las consideraciones preliminares que pueden interesar profundamente sólo a contadas personas.

mente su amor y se va hundiendo, aun tiene el valor de osarlo y arriesgarlo todo. De una mirada abarca la vida, reúne sus pensamientos veloces que como palomas volviendo al palomar, acuden a la menor seña; agita luego sobre ellas la varita mágica y entonces se dispersan a todos los vientos. Mas cuando retornan todas como otros tantos tristes mensajeros, para anunciarle la imposibilidad, se queda tranquilo, les da las gracias, y al quedarse solo, emprende su movimiento. Esto que estoy diciendo, solo tiene sentido cuando el movimiento se efectúa normalmente.[1] Ante todo el caballero de la fe debe tener el poder de concentrar toda la substancia de la vida y todo el significado de la realidad en un solo deseo. En su defecto el alma se halla desde un principio dispersa en lo múltiple y jamás podrá llegar a realizar el movimiento; se comportará en la vida con la prudencia de aquellos capitalistas que colocan sus fortunas en distintos valores de bolsa para recobrarse en unos de las pérdidas sufridas en otros; en una palabra, no se trata de un caballero. Luego, el caballero debe tener la fuerza de concentrar en un solo acto de conciencia el resultado de toda su labor de pen-

---

[1] *Para esto hace falta pasión. Todo movimiento del infinito se efectúa por la pasión y ninguna reflexión puede producir un movimiento. Allí reside el salto perpetuo en la vida que explica el movimiento, en tanto que la mediación es una quimera la cual según Hegel debe explicar todo, pero que al mismo tiempo es la única cosa que él jamás ha intentado explicar.* Incluso para establecer la distinción socrática entre aquello que se comprende y aquello que no se comprende es necesaria la pasión; y todavía con mayor naturalidad para realizar el movimiento socrático propiamente dicho: el de la ignorancia. Lo que falta a nuestra época no es la reflexión, sino la pasión. Así es como nuestro tiempo tiene en cierto sentido demasiada salud para morir, porque el acto de morir constituye uno de los saltos más notables que hayan existido. Siempre me agradó una pequeña estrofa de un poeta, la cual, luego de unos cinco o seis versos de una belleza sencillísima donde anhela los bienes de la vida, termina así:

Ein seliger Sprung in die Ewigkeit (Un salto bienaventurado hacia la eternidad).

samiento. En su defecto el alma se halla desde el principio dispersa en lo múltiple; jamás tendrá tiempo de hacer el movimiento; correrá incesantemente tras los menesteres de la vida sin entrar jamás en la eternidad, porque se apercibirá súbitamente en el instante mismo de alcanzarla que ha olvidado algo, de donde la necesidad de volverse. Y piensa: más adelante podré efectuar el movimiento; pero con parejas consideraciones jamás acontecerá eso; por el contrario, ellas le hundirán cada vez más en el fango.

Por consiguiente el caballero efectúa el movimiento; pero ¿cuál? ¿Lo olvidará todo, ya que también hay una especie de concentración? ¡No!, pues el caballero no se contradice, y hay contradicción en olvidar la substancia de toda su vida mientras se continúa siendo el mismo. No siente ningún deseo de convertirse en otro hombre y de ninguna manera ve en esta transformación la humana grandeza. Únicamente las naturalezas inferiores se olvidan y llegan a ser algo nuevo. Es así como la mariposa ha olvidado completamente que fue oruga; quizás olvidará aun que ha sido mariposa y hasta tal punto que podría convertirse en pez. Las naturalezas profundas no pierden jamás el recuerdo de sí mismas y tampoco llegan a ser otra cosa que lo que han sido. Por lo tanto el caballero recordará todo, pero precisamente ese recuerdo es su dolor; sin embargo, en su resignación infinita se halla reconciliado con la vida. Su amor por la princesa ha pasado a ser para él la expresión de un amor eterno y ha tomado un carácter religioso, se ha trasfigurado en un amor cuyo objeto es el ser eterno, el cual si bien se ha negado a favorecer al caballero, al menos lo ha tranquilizado otorgándole la conciencia eterna de la legitimidad de su amor bajo la forma de una eternidad que realidad alguna podrá arrebatarle. Los jovenzuelos y los locos son los que se jactan de que para el hombre todo es posible. ¡Qué error! Desde el punto de vista espiritual todo es posible; mas en el mundo finito hay muchas cosas que son imposibles. Pero el caballero hace posible lo imposible encarándolo desde el ángulo del espíritu, lo cual expresa diciendo que renuncia ello. El deseo, ansioso de convertirse en realidad y que había tropezado con la imposibilidad, se ha debilitado en su fuero interno; pero no por eso está perdido u olvidado. A veces el caballero siente los obscuros impulsos del deseo que despierta el recuerdo; a veces él mismo los provoca; pues es demasiado orgulloso para admitir que aquello que fue la substancia de toda su vida haya sido cuestión de un momento efímero. Conserva joven ese amor y a medida que juntos envejecen, va haciéndose más bello. Por el contrario no desea de ningún modo la intervención de lo finito para favorecer el crecimiento de su amor. Desde el instante en que ha efectuado el movimiento, la princesa está perdida para él. No tiene necesidad de esos espasmos nerviosos que la pasión provoca ante la presencia de la amada ni de otros fenómenos parecidos, ni tampoco de perpetuos adioses en el sentido finito, pues posee de ella un recuerdo eterno; sabe muy bien que aquellos amantes tan ansiosos por verse todavía una vez postrera, tienen motivo para mostrar esa ansiedad, y razón en suponer que volverán a verse por la última vez, porque ellos harán todo lo posible para un rápido y mutuo olvido. Ha comprendido ese gran secreto: que, incluso amando, uno debe bastarse a sí mismo. Ya no se interesa más de un modo finito en todo lo que la princesa hace, y esto prueba justamente que ha hecho el movimiento infinito. Ahí se tiene la oportunidad de ver si el movimiento del Individuo es verdadero o falaz. Ha creído haberlo cumplido por ejemplo, uno que, transcurrido el tiempo y cambiado la princesa de conducta (se ha casado por ejemplo, con un príncipe) ha sentido cómo su alma perdía la elasticidad de la resignación. De pronto se ha dado cuenta de que no había realizado el movimiento como convenía porque quien se ha resignado infinitamente se basta a sí mismo. El caballero no abandona su resignación, su amor conserva la frescura del primer momento, no le abandona nunca y eso es precisamente porque ha efectuado el movimiento infinito. La conducta de la princesa no podrá turbarlo; únicamente las naturalezas inferiores encuentran en otros la ley de sus actos y fuera de ellas las premisas de sus resoluciones. En cambio, la princesa verá desplegarse la belleza del amor si se halla en la misma disposición de espíritu. Entrará por sí misma en la orden de los caballeros cuyos miembros no son admitidos previa votación, sino que puede serlo quien tenga el valor de presentarse completamente solo; ingresará en esa orden que prueba su perennidad porque no hace distingos entre hombres y mujeres. También conservará la frescura y juventud de su amor, también acallará su tormento, aunque, de acuerdo con la canción, no está todas las noches junto a su señor. Estos dos amantes se encontrarán unidos entonces para la eternidad, en una *harmonía praestibilita* tan absolutamente inquebrantable que si alguna vez (cosa de la que no tienen la preocupación finita, pues sino conocerían la vejez), si alguna vez llegase el instante favorable a la expresión de ese amor en el tiempo, se verán en condiciones de comenzar en el punto mismo del cual, de haber contraído enlace, hubieran partido. Quien comprende esto, hombre o mujer, jamás puede ser engañado pues únicamente las naturalezas inferiores se imaginan que lo son. Ninguna joven podría amar verdaderamente si le faltase esa nobleza; mas aquella que la posee nunca será decepcionada por las astucias y las sutilezas del mundo entero.

La resignación infinita comporta la paz y el reposo; aquel que la desea, aquel que no se ha envilecido burlandose de sí mismo (vicio más terrible que el exceso de orgullo) puede hacer el aprendizaje de este movimiento doloroso, pero que reconcilia con la vida. La resignación infinita es parecida a la camisa del viejo cuento: el hilo está tejido bajo las lágrimas, lavado en lágrimas, la camisa está cosida en lágrimas; mas ella protege mejor que el hierro y el acero. El defecto de la leyenda consiste en que un tercero puede tejer también la tela. El secreto de la vida reside en que cada uno debe coser su camisa, y cosa curiosa, el hombre puede hacerlo tan bien como la mujer. La resignación infinita comporta el reposo, la paz y el consuelo en el dolor, siempre a condición de que el movimiento sea efectuado normalmente. Yo no tendría ningún trabajo sin embargo para escribir un grueso libro en el cual pasara revista a los desprecios de toda índole, situaciones trastornadas, movimientos abortados, que me ha sido dado observar en el curso de mi modesta experiencia. Muy poco se cree en el espíritu, indispensable sin embargo para cumplir ese movimiento, al cual interesa no ser únicamente el resultado de una *dura necessitas* que hace tanto más dudoso el carácter normal del movimiento cuanto más ella se impone. Si por ejemplo se pretende que la fría y estéril necesidad debe intervenir necesariamente en el movimiento, se declara de este modo que nadie puede vivir la muerte sin antes haber muerto en realidad, lo cual me parece de un grosero materialismo. Mas, en nuestros días, nadie se cuida de efectuar puros movimientos. Si alguien, deseando aprender a bailar, dijese: "durante siglos las generaciones sucesivas han estudiado las posiciones, y ya es tiempo que yo saque algún beneficio de eso y me dedique a las danzas francesas", la gente no dejarla de reírse un poco; pero en el mundo del espíritu este razonamiento se lo halla plausible en el más alto grado. ¿Qué es, pues, la cultura? Yo he creído que era el cielo que recorría el Individuo para alcanzár el conocimiento de sí mismo; y quien se niega a seguirlo obtiene muy escaso provecho del hecho de haber nacido en la más preclara de las épocas.

La resignación infinita es el último estadio precedente a la fe, y nadie alcanza la fe si antes no ha hecho ese movimiento previo, porque es en la resignación infinita donde, ante todo, tomo conciencia de mi valer eterno, y únicamente así puedo entonces alcanzar la vida de este mundo en virtud de la fe.

Observemos ahora al caballero de la fe en el caso citado. Obra exactamente como el otro: renuncia infinitamente al amor, substancia de su vida; se halla apaciguado en su dolor: entonces llega el prodigio: todavía realiza un movimiento más sorprendente que todo lo anterior; en efecto dice: "Sin embargo, creo que obtendré lo que amo en virtud de lo absurdo, en virtud de mi fe en que todo le es posible a Dios". El absurdo no pertenece a las diferencias comprendidas en el cuadro propio de la razón. No es idéntico a lo inverosímil, a lo inesperado, a lo imprevisto. Desde el momento en que el caballero se resigna, se convence de la imposibilidad según el humano alcance; tal es el resultado del examen racional que tiene la energía de hacer. En cambio, desde el punto de vista de lo infinito la posibilidad subsiste en medio de la resignación; mas esta posesión es al mismo tiempo una renuncia, no siendo sin embargo por eso un absurdo para la razón; porque ésta conserva su derecho a sostener que la cosa es y continúa siendo imposible en el mundo finito donde es soberana. El caballero de la fe también tiene clara conciencia de esta imposibilidad; lo único capaz de salvarlo es lo absurdo, lo que concibe por la fe. Por lo tanto reconoce la imposibilidad, pero al mismo tiempo cree en lo absurdo; porque si supone que posee la fe sin reconocer la imposibilidad, de todo corazón y con toda la pasión de su alma, se engaña a sí mismo y su testimonio es absolutamente inaceptable, ya que no ha alcanzado la resignación infinita.

La fe no es, pues, un impulso de orden estético; es de otro orden mucho más elevado, justamente porque presupone la resignación; no es el inmediato instinto del corazón, sino la paradoja de la vida. Cuando así, a despecho de todas las dificultades, una joven conserva la seguridad de que su deseo será complacido, su certeza no es en lo más mínimo la de la fe, a pesar de su cristiana educación y quizá todo un año de catecismo. Está convencida en toda su ingenuidad y en toda su inocencia de niña; su convicción ennoblece también su ser y le otorga una grandeza sobrenatural, si bien puede, cual un taumaturgo, conjurar las fuerzas finitas de la vida e incluso hacer llorar a las piedras, mientras que, por otra parte, puede también en su perplejidad dirigirse tanto a Herodes como a Pilatos y conmover al mundo entero con sus súplicas. Su corteza es muy amable, y de esta jovencita pueden aprenderse muchas cosas, excepto una: el arte de los movimientos; pues su convicción no osa mirar a la imposibilidad de frente, y en el dolor de la resignación.

Puedo ver, por consiguiente, que hace falta fortaleza, energía y libertad de espíritu para efectuar el movimiento infinito de la resignación e incluso para que su ejecución sea posible. Pero el resto me deja estupefacto, mi cerebro gira dentro de mi cabeza; porque luego de haber realizado el movimiento de la resignación, y obtenerlo entonces todo en virtud de lo absurdo, ver integralmente otorgado todo el deseo, está por encima de las humanas fuerzas, es un prodigio.

También puedo ver que la certeza de la joven sólo es ligereza comparada con la inquebrantable firmeza de la fe, aunque haya reconocido la imposibilidad. Cada vez que quiero efectuar ese movimiento, mis ojos se nublan; y en el mismo instante en que una admiración sin reservas se apodera de mí, una espantosa angustia estruja mi alma, porque ¿qué es esto, en efecto, sino tentar a Dios? Con todo, este es el movimiento de la fe y lo será siempre, incluso cuando la filosofía, para obscurecer los conceptos, pretenda hacernos creer que ella posee la fe; incluso si la teología quiere asalariarla a poco costo.

La resignación no implica la fe, pues aquello que adquiero en la resignación es mi conciencia eterna y hay allí un movimiento estrictamente filosófico que tengo el valor de efectuar cuando es requerido y que puedo también infligirme; pues cada vez que una circunstancia finita va a excederme me impongo el ayuno hasta el momento de efectuar el movimiento; porque la conciencia de mi eternidad es mi amor hacia Dios y este amor lo es todo para mí. Para resignarse no es necesaria la fe, pero sí lo es para alcanzar cualquier cosa más allá de mi conciencia eterna, porque allí está la paradoja. A menudo se confunden los movimientos. Se dice que para renunciar a todo es menester la fe, incluso se escuchan los términos aún más singulares de aquellas entes que se lamentan de haber perdido la fe; y cuando se observa qué peldaño de la escala han alcanzado, se advierte con asombro que han llegado justamente al punto donde deben efectuar el movimiento infinito de la resignación. Por la resignación renuncio a todo; es un movimiento que cumplo por mí mismo, y si me abstengo de hacerlo, es debido a mi cobardía, mi molicie, mi falta de entusiasmo; entonces no poseo el sentido de la alta dignidad propuesta a toda persona de ser su propio censor, dignidad mucho más eminente que la del censor general de toda la república romana. Hago este movimiento por mí mismo y mi recompensa soy yo en la conciencia de mi eternidad, en una dichosa armonía con mi amor hacia el ser eterno. Por la fe no renuncio a nada, al contrario, lo recibo todo y en el sentido atribuido a aquel que posee tanta fe como un grano de mostaza, porque entonces podrá transportar las montañas. Es necesario un valor puramente humano para renunciar a toda la temporalidad con el fin de ganar la eternidad; pero al menos la adquiero, y una vez en la eternidad ya no puedo renunciar a ella sin contradecirme; pero es menester el coraje humilde de la paradoja para asir toda la temporalidad en virtud del absurdo y este coraje es el de la fe. Abraham no renunció a Isaac por la fe; al contrario, lo obtuvo por ella. El joven rico hubiese podido dar todos sus bienes en virtud de la resignación y luego de esto el caballero de la fe hubiera podido decirle: "recobrarás cada uno de tus centavos en virtud del absurdo, ¿puedes creerlo?" Y este discurso no habría dejado indiferente al joven rico, porque si da sus bienes por estar cansado de ellos es porque su resignación deja mucho que desear.

Todo el problema apunta a la temporalidad, a lo finito. Puedo por mi propio esfuerzo renunciar a todo y hallar entonces la paz y el reposo en el dolor; puedo acomodarme a todo; incluso si ese demonio cruel más terrible que la muerte y espanto de los hombres, aún si la Locura, presentara a mis ojos su traje de bufón, y me hiciera comprender por su aire que tenía yo que ponérmelo, puedo todavía salvar mi alma si por mi parte me interesa hacer triunfar en mí mi amor hacia Dios antes que mi terrena felicidad. En ese instante postrero un hombre puede todavía recoger toda su alma en una sola mirada dirigida hacia el cielo, de donde emana todo don perfecto, y esa mirada ser comprendida por él y por aquél a quien busca, como la señal que asevera que continúa siendo a pesar de todo fiel a su amor. Y entonces se vestirá tranquilamente con el hábito de la locura. El alma desprovista de este romanticismo se ha vendido, sea al precio de un reino o al de una miserable pieza de plata. Mas no puedo obtener por mi propio esfuerzo la más ínfima de las cosas pertenecientes al mundo finito, porque utilizo constantemente mis fuerzas en renunciar a todo. Puedo renunciar a mí mismo y a la princesa, y en lugar de lamentarme debo hallar alegría, paz y reposo en mi dolor; pero no puedo por mis propios medios recobrarla, pues utilizo mi fuerza en renunciar. Mas por la fe, dice el asombroso caballero, por la fe tú la recibirás en virtud del absurdo.

Pero es el caso que no puedo hacer ese movimiento. Cuando lo intento, se revuelve todo, y debo buscar refugio en el dolor de la resignación. Puedo nadar en la vida, mas soy demasiado torpe para ese vuelo místico. No puedo existir de modo que mi oposición a la existencia traduzca a cada instante la más bella y serena armonía con ella. Y sin embargo debe ser magnífico obtener a la princesa; yo lo digo constantemente; y el caballero de la resignación que no diga lo mismo es un mentiroso que no ha conocido el menor deseo y tampoco ha conservado la juventud del deseo en el dolor. Quizás deba felicitarse de ver desecado el deseo y embotada la flecha del dolor: pero no es un caballero. Un alma bien nacida que se sorprendiese con esos sentimientos se despreciaría y volverla a comenzar de nuevo, y sobre todo no soportarla ser el agente de su engaño. Sin embargo, debe ser magnífico obtener la princesa; y con todo el caballero de la fe es el único feliz, el heredero directo del mundo finito, en tanto que el caballero de la resignación es un extranjero vagabundo. Lo maravilloso es obtener también la princesa, vivir jubiloso y feliz, día tras día, con ella (pues también es concebible que el caballero de la resignación obtenga la princesa, pero mi alma ha visto claramente la imposibilidad de su felicidad futura); lo maravilloso es vivir así, ver a cada instante la espada suspendida sobre la cabeza a cada instante dichoso y contento en virtud del absurdo, de la amada, hallando, no el reposo en la resignación, sino la alegría en virtud del absurdo. Quien sea capaz de eso es grande, es el único grande hombre, y el solo pensamiento de lo que realiza llena de emoción mi alma, que jamás ha tasado su admiración frente a las grandes acciones.

Si ahora cada uno de mis contemporáneos, al rehusar atenerse a la fe, ha medido realmente el espanto de la vida y ha comprendido a Daub diciéndose que un soldado, solo en su guardia con el arma cargada, al lado de un polvorín, en una noche de tempestad alimenta singulares pensamientos; si realmente cada uno de aquellos que se niegan a atenerse a la fe tiene la fortaleza de alma necesaria para comprender que el deseo sea irrealizable y puede quedarse solo con este pensamiento; si cada uno de los que rehúsan quedarse en la fe ha hallado sosiego en y por el dolor; si cada uno de ellos ha cumplido por demás lo prodigioso (y si no ha realizado lo precedente no debe lamentarse, puesto que solamente se trata de la fe); si ha retomado las cosas de este mundo en virtud del absurdo, entonces estas líneas son el más grande elogio de los hombres de mi tiempo, escritas por el más insignificante de ellos, ya que únicamente ha podido hacer el movimiento de la resignación. Pero ¿por qué entonces no se quedan en la fe? ¿por qué se nos dice a veces que las personas se ruborizan de confesar que tienen fe? He ahí lo que no puedo concebir. Pero si logro alguna vez efectuar ese movimiento en lo sucesivo iré en carroza de cuatro caballos.

Y es así verdaderamente. ¿Acaso todo el espíritu de mezquina burguesía que observo en la vida y que no juzgo por mis palabras, sino por mis actos, no será realmente lo que parece? ¿es el prodigio? Cabe pensarlo, porque nuestro héroe de la fe ofrece un parecido asombroso con ese espíritu; no es un humorista o un irónico, sino algo todavía más destacado. En nuestros días se habla demasiado de ironía y de humor, sobre todo aquellas personas que no han tenido éxito en nada, pero que, sin embargo, saben explicarlo todo. No desconozco por completo estas dos pasiones, sé un poco más acerca de ellas de lo que se encuentra en las colecciones; alemanas y germano-danesas. Por consiguiente, sé que estas dos pasiones son esencialmente diferentes de la pasión de la fe. La ironía y el humor se reflejan incluso sobre sí mismas y pertenecen por lo tanto a la esfera de la resignación infinita; encuentran sus motivos en el hecho de que el Individuo es inconmensurable con la realidad.

A pesar de mi más vivo deseo, no puedo efectuar el último, el paradojal movimiento de la fe, ya sea deber u otra cosa. ¿Tiene alguien el derecho de afirmar que él lo puede? A él concierne el decidirlo; es un asunto entre él y el ser eterno, objeto de la fe, el saber si puede a este respecto acomodarse. El movimiento de la resignación infinita puede realizarlo cualquiera y por mi parte no titubearé en acusar de cobarde al que se crea incapaz. Pero con respecto a la fe ya es otra cuestión. Pero nadie debe permitirse hacer creer a los demás que la fe tiene poca importancia o es cosa fácil, cuando, por el contrario, es la más grande y la más penosa de todas.

La historia de Abraham es interpretada de otra manera. Se celebra la gracia de Dios que otorgó a Isaac por segunda vez; en toda la historia no se ve sino una prueba. Una prueba: es mucho decir y poca cosa; y, con todo, la cosa pasó más rápidamente de lo que se tarda en contarlo. Se monta Pegaso, en un abrir y cerrar de ojos se está sobre Morija, e inmediatamente se ve el cordero; uno olvida que Abraham hizo el camino lentamente al paso de su asno, que tuvo tres días de viaje y que le fue menester algún tiempo para encender el fuego, atar a Isaac y afilar el cuchillo.

Sin embargo se hace el elogio de Abraham. El predicador puede dormir muy bien hasta un cuarto de hora antes de su discurso; y el oyente puede adormecerse escuchándolo, porque de una y otra parte todo transcurre sin dificultades ni inconvenientes. Mas si entre los oyentes hay alguien que padece de insomnio quizá volverá a su casa a meditar sentado en un rincón: "Todo esto es cuestión de un momento, espera solamente un minuto, verás el cordero y la prueba habrá terminado". Si el orador lo sorprende con esas disposiciones me parece que, plantándose frente a él en toda su dignidad le gritará: "¡Miserable! ¿cómo puedes permitir que tu alma llegue a semejante locura? ¡No hay milagro, y toda la vida es una prueba!" Y a medida que se descarga, va enardeciéndose y cada vez se va sintiendo más satisfecho de sí mismo; y en tanto que durante su sermón sobre Abraham no se había congestionado, siente ahora hincharse las venas en su frente. Pero quizá perdería el aliento y la palabra si el pecador le hubiese respondido con calma y dignidad: "Únicamente quería poner en práctica tu sermón del domingo último".

O bien tenemos que borrar de un trazo la historia de Abraham o bien tenemos que aprehender el espanto de la paradoja inaudita que da sentido a su vida con el fin de comprender que nuestro tiempo puede ser feliz como cualquier otro, si posee la fe. Si Abraham no es un cero, un fantasma, un personaje de exhibición, el pecador jamás será culpable de haber querido imitarlo; pero interesa reconocer la grandeza de su conducta para juzgar uno mismo si posee la vocación y el valor de afrontar una prueba semejante. La cómica contradicción del predicador, consiste en que hace de Abraham un insignificante personaje y al mismo tiempo exhorta a considerarlo como un modelo.

¿Es necesario, por lo tanto, abstenerse de predicar sobre Abraham? Creo sin embargo, que no. Si tuviese que hablar sobre él, pintaría ante todo el dolor de la prueba. Para finalizar, chuparía como una sanguijuela toda la angustia, toda la miseria y todo el martirio del paterno sufrimiento para poder representar el de Abraham haciendo notar sin embargo que en medio de sus aflicciones él creía. Recordaría que el viaje duró tres días y buena parte del cuarto e incluso que esos tres días y medio duraron infinitamente más que los miles de años que me separan del patriarca. Llegado a este punto, recordaría que a mi modo de ver cada cual puede volverse antes de ascender por la cuesta de Morija, que puede a cada instante arrepentirse de su decisión y retornar sobre sus pasos. Y obrando de esta manera, no corro ningún peligro ni temo además despertar en algunos el deseo de ser probado a la manera de Abraham. Pero si se quiere lanzar una edición popular de Abraham invitando a todos a obrar como él, se hace el ridículo.

Es mi propósito ahora explicitar en la historia de Abraham, bajo la forma de problemas, la dialéctica que ella comporta para ver qué inaudita paradoja es la fe, paradoja capaz de hacer de un crimen una acción santa y agradable a Dios, paradoja que devuelve a Abraham su hijo, paradoja que no puede reducirse a ningún razonamiento; porque la fe comienza precisamente donde acaba la razón.

Problema I

¿Hay una suspensión teleológica de lo moral?

Lo moral es como tal lo general, y bajo este título lo que es aplicable a todos; lo cual puede expresarse todavía desde otro punto de vista diciendo que es aplicable a cada instante. Descansa inmanente en sí mismo sin nada exterior que sea su τέλος siendo ello mismo τέλος de todo lo que le es externo; y una vez que lo ha integrado no va más lejos. Tomando como ser inmediato, sensible y psíquico, el Individuo es el Individuo que tiene su τέλος en lo general; su tarea moral consiste en expresarse constantemente, en despojarse de su carácter individual para alcanzar la generalidad. Desde el momento en que el Individuo reivindica su individualidad frente a lo general peca; y sólo puede reconciliarse con lo general reconociéndolo. Cada vez que el Individuo, una vez dentro de lo general, se siente inclinado a reclamar su individualidad, entra en una crisis de la cual se libera únicamente por el arrepentimiento y abandonándose como Individuo en lo general. Si allí reside el fin supremo que puede ser asignado al hombre y a su vida, entonces lo moral es de la misma naturaleza que la eterna felicidad del hombre, la cual es a cada instante y por toda la eternidad su τέλος y si se dice que ella puede ser abandonada (es decir, teológicamente suspendida) se cae en una contradicción, porque desde el momento en que se la ha suspendido ella está perdida, mientras que estar suspendido no significa perderse sino conservarse en la esfera superior que es su τέλος.

Siendo esto así, cuando Hegel en su capítulo: *El bien y la conciencia* determina al hombre únicamente como Individuo, tiene razón al considerar esta determinación como una "forma moral del mal" (cf., sobre todo, la *Filosofía del Derecho*) que debe ser suprimida en la teología de lo moral, de manera que cuando el Individuo permanece en ese estadio, o bien peca, o bien entra en crisis. En cambio, yerra al hablar de la fe y al no protestar en voz alta e inteligible contra la veneración y la gloria de la cual es objeto Abraham como padre de la fe, cuyo proceso debería ser revisado y a quien habría que proscribir por asesino.

En efecto, la fe es esa paradoja según la cual el Individuo está por encima de lo general y siempre de tal manera que, cosa importante, el movimiento se repite y como consecuencia el Individuo, luego de haber estado en lo general se aísla en lo sucesivo como Individuo por encima de lo general. Si ésta no es la fe, Abraham está perdido, y jamás existió fe en el mundo, porque siempre estuvo ahí. Pues si lo moral (lo virtuoso) es el supremo estudio y si lo único que en el hombre queda de inconmensurable es el mal, es decir lo particular que debe expresarse en lo general, no se ha menester de otras categorías que las de la filosofía griega o las que de ella se deducen. Y puesto que ha estudiado a los griegos, Hegel no habría debido ocultarlo.

No es extraño hallar personas que, aferrándose cuando menos a las frases por carecer de conocimientos profundizados dicen que sobre el mundo cristiano brilla una luz en tanto que el paganismo está sumergido en las tinieblas. Este lenguaje me ha parecido siempre muy singular, cuando todavía hoy todo pensador consciente o cualquier artista serio se remozan en la eterna juventud del pueblo griego. El hecho, sin embargo, se explica porque no se sabe qué es lo que se debe decir, sino únicamente que debe decirse algo. Es correcto ir repitiendo que el mundo griego no ha conocido la fe; mas si se cree haber explicado algo de esta manera, es menester entonces informarse un poco mejor de lo que es necesario entender por fe, porque de otro modo se vuelve a caer en la misma charla sin sentido. Es fácil explicar la vida toda, incluso la fe, sin tener una idea de lo que es esta última; y no hace el cálculo peor en esta vida quien especula con la admiración promovida por su teoría porque, como dice Boileau, "un tonto halla siempre uno más tonto aún que lo admira".

La fe es justamente esa paradoja según la cual el Individuo se encuentra como tal por encima de lo general, reglado frente a éste, pero no como subordinado, sino como superior, y siempre de manera tal que –tómese nota– es el Individuo quien, luego de haber estado como tal subordinado a lo general, alcanza a ser ahora gracias a lo general el Individuo, y como tal superior a éste; de suerte que el Individuo como tal se halla en una relación absoluta con lo absoluto. Esta posición escapa a la mediación, la cual se efectúa siempre en virtud de lo general. Es y permanece siendo siempre una paradoja inaccesible al pensamiento. La fe es esta paradoja; si no (éstas son las consecuencias que ruego al lector tener constantemente presentes en el espíritu porque sería fastidioso recordarlas en todas partes), si no, jamás ha habido fe porque ella lo ha sido siempre; dicho en otras palabras, Abraham está perdido.

Convengo en que el Individuo corre el riesgo de confundir esta paradoja con una crisis religiosa, mas no es ésta una razón para ocultarla. Es verdad también que el sistema de ciertos pensadores es tal que se sientan rechazados por la paradoja, pero no es un motivo para falsear la fe con el fin de integrarla al sistema; que se confiese mejor no tenerla y que aquellos que sí la poseen den algunas reglas permitiendo discernir la paradoja de la duda religiosa.

La historia de Abraham comporta esta suspensión teleológica de lo moral. No han faltado espíritus eruditos ni perspicaces para hallar casos análogos. Parten de este bello principio: que, en el fondo, todo es lo mismo. Si se mira un poco más de cerca, yo dudo mucho que se halle una sola analogía en la historia universal, excepto un caso ulterior que nada prueba, en tanto que está establecido que Abraham representa la fe y que ella está expresada normalmente en él, cuya vida no es únicamente la más paradójica que pensarse pueda, sino que es tan paradójica que resulta absolutamente imposible pensarla. Él obra en virtud del absurdo; porque lo absurdo consiste en que está como Individuo por encima de lo general. Esta paradoja escapa la mediación; si Abraham se examina en ella, entonces le es menester confesar que se encuentra en una crisis religiosa, y en estas condiciones jamás le será posible llegar a sacrificar a Isaac; o si lo hace, entonces tiene que arrepentírse y reintegrarse a lo general. Recobra a Isaac en virtud del absurdo. Por lo tanto, no es ni un instante un héroe trágico, sino algo muy distinto: un creyente o un asesino. No tiene la instancia intermediaria que salva al héroe trágico. Puedo comprender muy bien a este último, pero no a Abraham, aunque, quizá sin un motivo razonable, le admire más que a cualquier otro hombre.

Desde el punto de vista moral la situación de Abraham con respecto a Isaac se simplifica diciendo que el padre debe amar a su hijo más que a sí mismo. Sin embargo, la moral comporta dentro de su esfera diversos grados; veamos si en esta historia se encuentra una expresión superior de lo moral capaz de explicar moralmente la conducta de Abraham y de autorizarlo moralmente a suspender su deber moral hacia su hijo sin salirse por otra parte de la teleología de este dominio.

Cuando una empresa que interesa la suerte de todo un pueblo es obstaculizada, cuando se frustra por una desgracia del cielo, cuando la divinidad irritada impone al mar una calma que desafía cualquier esfuerzo, cuando el augur cumple su pesada tarea y declara que el dios reclama el sacrificio de una joven, el padre debe entonces efectuar heroicamente ese sacrificio. Noblemente ocultará su dolor a pesar de su deseo de ser "el insignificante hombre que osa llorar" y no el rey obligado a comportarse como rey.

Y si en su soledad su corazón rebosa de dolor, si entre su pueblo únicamente tiene tres confidentes, muy pronto conocerán sus súbditos su infortunio, aunque también la noble acción por la cual consiente en sacrificar a su hija la amada virgen, por el interés general. ¡Oh busto encantador! ¡Oh bellas mejillas, cabellos rubios y dorados! (*Ifig. en Aul.* v. 687). Su hija lo conmoverá con sus lágrimas, él volverá el rostro, pero el héroe levantará el cuchillo. Llegada la nueva al país de sus antepasados, las vírgenes de Grecia rugirán de entusiasmo; y si la virgen estaba prometida, el pretendiente no se dejará dominar por el furor, sino que, al contrario, se sentirá orgulloso de participar en la acción noble del padre, porque la infortunada le pertenecía a él con mayor ternura aún que a aquél.

Cuando el intrépido juez que en la hora aciaga salvó a Israel se vincula a sí propio y a Dios mediante un mismo voto, debe trocar entonces heroicamente en tristeza la alegría de la virgen, el júbilo de su amada hija, con la cual Israel todo llora la juventud; mas toda mujer generosa, todo hombre bien nacido comprenderá a Jefté, y cualquiera de las vírgenes de Israel envidiará a la hija; pues ¿para qué habría servido la victoria por el voto obtenida, si Jefté no lo hubiese respetado?, ¿acaso no le habría sido arrebatada al pueblo?

Cuando un hijo falta a su deber y el Estado confía al padre la espada justiciera, cuando las leyes exigen que el castigo sea infligido por las manos del padre, éste debe olvidar heroicamente que el culpable es hijo suyo e incluso ocultar su dolor; mas todos en el pueblo, aún el hijo mismo, admiran al padre; y siempre que se haga referencia a las leyes romanas, recordaráse que muchos las han comentado muy doctamente, mas nadie con mayor magnificencia que Bruto.

Pero si Agamenón, en tanto que un viento favorable conducía a velas desplegadas la flota hacia el puerto, hubiera enviado al mensajero en busca de Ifigenia para el sacrificio; si Jefté, sin estar ligado por un voto del cual dependiese el destino del pueblo, hubiese dicho a su hija: "llora durante dos meses por tu breve existencia porque inmediatamente después serás inmolada; si Bruto hubiera tenido un hijo irreprochable y con todo hubiese enviado a los lictores para ejecutarlo: ¿quién los hubiera comprendido? Si respondiendo a la pregunta: ¿por qué obráis de este modo? hubieran dicho: "es una prueba a la cual estamos sometidos", ¿se les hubiese comprendido mejor?

Cuando en el instante decisivo Agamenón, Jefté o Bruto se sobreponen al dolor, cuando han perdido heroicamente el objeto de sus amores y sólo les resta cumplir el sacrificio exterior, ¿habrá en el mundo un alma noble que no derrame lágrimas de compasión por el infortunio de ellos y de admiración por sus hazañas? Mas si en el instante decisivo de mostrar el heroísmo con el cual soportan la tristeza, estos tres hombres dejasen caer esta pequeñas palabras: "eso no ocurrirá" ¿quién los comprendería entonces? Y si agregasen a modo de explicación "lo creemos en virtud del absurdo", ¿quién los entendería aún? Porque si el absurdo de sus explicaciones es fácil de notar, no sucede lo mismo con la fe que ellos tienen en este absurdo.

La diferencia que separa al héroe trágico de Abraham salta a la vista. El primero continúa todavía en la esfera moral. Para él toda expresión de lo moral tiene su τέλος en una expresión superior de lo moral; reduce la relación moral entre padre e hijo o entre hija y padre a un sentimiento cuya dialéctica se refiere a la idea de moralidad. Por consiguiente no se trata aquí de una suspensión teleológica de la moral misma.

Muy diferente es el caso de Abraham. Por medio de su acto ha franqueado todo el estadio moral; posee más allá un τέλος ante el cual suspende este estadio. Yo tendría sumo interés en saber cómo puede referirse su acción a lo general y cómo puede descubrirse entre su conducta y lo general una relación cualquiera diferente a la de haber franqueado lo general. No actúa para salvar un pueblo ni para defender la idea del Estado, ni tampoco para apaciguar a los dioses irritados. Si pudiera invocarse la ira de la divinidad, esta cólera habría tenido por objeto únicamente a Abraham, cuya conducta es un asunto estrictamente privado, extraño a lo general. Del mismo modo, en tanto que el héroe trágico es grande por su virtud moral, Abraham lo es por una virtud absolutamente personal. En toda su vida la moral no halla expresión más alta que ésta: el padre debe amar a su hijo. De ningún modo puede ser cuestión de lo moral en el sentido de virtuoso. Si la conducta de Abraham hubiese participado de algún modo en lo general habríase hallado encubierto en

Isaac y por así decirlo, oculto en su flanco; y hubiera gritado entonces por su boca: "no hagas eso, lo aniquilas todo".

¿Por qué lo hace Abraham, entonces? Por amor a Dios tanto como, de manera absolutamente idéntica, por amor a sí mismo. Por amor de Dios, porque Dios exige esta prueba de su fe; y por amor de sí mismo, para dar esta prueba. Esta conformidad halla su término adecuado en la palabra que ha designado siempre esta situación: es una prueba, una tentación. Pero ¿qué quiere decir una tentación? De ordinario pretende ella desviar al hombre de su deber; pero aquí la tentación es la misma moral, empeñada en impedirle a Abraham cumplir con la divina voluntad. ¿Qué es entonces el deber? La expresión de la voluntad de Dios.

Aparece aquí la necesidad de una nueva categoría si se quiere comprender a Abraham. El paganismo ignora este género de relación con la divinidad; el héroe trágico no entra en una relación privada con ella; para él lo moral es lo divino, de lo cual se concluye que entonces la paradoja se refiere a lo general por mediación.

Abraham se rehusa a la mediación; en otros términos: no puede hablar. En tanto hablo, expreso lo general; y callándome, nadie puede comprenderme. Cuando Abraham quiere expresarse en lo general le es menester decir que su situación es de duda religiosa, porque no hay expresión más elevada, sacada de lo general, que esté por encima de lo general, que franquea.

Por eso, al suscitar mi admiración, me espanta. Quien reniega de sí mismo y se sacrifica al deber, renuncia a lo finito para alcanzar lo infinito; y no le falta seguridad; el héroe trágico renuncia a lo cierto por lo más cierto, y la mirada se posa sobre ello con confianza. Mas quien renuncia a lo general para alcanzar algo más elevado, pero diferente ¿qué hace? ¿puede decirse que haya ahí otra cosa que una crisis religiosa? Y si la cosa es posible, mas el Individuo se engaña ¿qué salvación hay para él? Sufre todo el dolor del héroe trágico, aniquila su alegría terrestre, renuncia a todo y todavía corre el riesgo de cerrarse a sí mismo el camino del sublime júbilo, tan precioso para él que querría adquirirlo a cualquier precio. Viéndole, nadie puede comprenderlo ni tampoco posar sobre él una mirada confiada. ¿Será acaso que el fin que el hombre propone a sus esfuerzos es inaccesible así como es inconcebible? Y si siendo accesible, se engaña sobre la divina voluntad ¿qué salvación le queda? El héroe trágico tiene necesidad de lágrimas y las reclama; ¿quién, mirando a Agamenón con envidia puede conservar secos los ojos y no llorar con él? Mas ¿qué alma será tan extraviada que ose llorar con Abraham? El héroe trágico cumple su acto en un momento preciso del tiempo; pero en el curso del tiempo cumple también una acción de no menos valor: visita al alma inclinada bajo el peso de la tristeza, a aquel cuyo pecho oprimido no puede respirar ni ahogar suspiros, abrumado por pensamientos nutridos de lágrimas; se muestra a él, destruye el triste sortilegio, desata las ataduras, seca las lágrimas; porque olvida sus propios sufrimientos en los del otro. Con Abraham no se puede llorar. Uno se acerca a él con un *horror religiosus*, como Israel se aproximaba al Sinaí. Mas si el solitario que trepa por la cuesta de Morija, cuya cima excede el plano de Aulide en toda la altura del cielo, no es un sonámbulo caminando tranquilamente sobre el abismo, en tanto que desde el pie de la montaña uno levanta la vista temblando de angustia, de veneración y de terror, sin atreverse a llamarlo: ¡si este hombre tuviese turbado el cerebro, si estuviera engañado! ¡Gracias eternas sean dadas al hombre que tiende al desdichado, asaltado por la tristeza de la vida y despojado sobre el camino, la palabra, la vestimenta verbal que le permite ocultar su miseria! ¡Gracias te sean dadas, noble Shakespeare, que puedes decir todas las cosas, absolutamente todas, tal como ellas son! mas ¿por qué jamás dijiste este tormento? Quizá lo guardaste para ti como se guarda el nombre de la amada, del que ni siquiera se soporta que el mundo lo mencione; porque un poeta descubre el poder de esa palabra que le permitirá expresar los graves secretos de los demás, al precio de un secretito que no puede manifestar, y un poeta no es un apóstol; exorciza a los demonios únicamente por el poder del diablo.

Mas cuando lo moral está de este modo teleológicamente suspendido ¿cuál es entonces la existencia del Individuo en la que está suspendido? Él existe como el Individuo opuesto a lo general. ¿Peca entonces? Porque, de acuerdo con la idea hay ahí una forma de pecado; del mismo modo el niño que no peca, ignorante de su existencia como tal: de acuerdo con esta idea, su existencia no es menos el pecado, y a cada instante está sometida a las exigencias de lo moral. En tanto se niega que esta forma se presta a la repetición para que así no resulte pecaminosa, Abraham está condenado. ¿Cómo, pues, existe entonces? Él cree. Tal es la paradoja que lo empuja hasta el extremo y que no puede hacer inteligible a nadie; porque la paradoja consiste en que él se coloca como Individuo en una relación absoluta con lo absoluto. Pero ¿está autorizado a ello Abraham? Si lo está, he allí nuevamente la paradoja; porque no será debido a una participación cualquiera en lo general, sino en virtud de su cualidad de Individuo.

¿Como se asegura el Individuo, por consiguiente, de que está autorizado? Es demasiado fácil nivelar la vida conforme a la idea del Estado o de la sociedad. Es igualmente fácil en este caso operar la mediación, pues en efecto no se enfrenta en modo alguno la paradoja según la cual el Individuo se halla como tal por encima de lo general, cosa que puedo todavia expresar de una manera típica diciendo con Pitágoras que el número impar es más perfecto que el número par. Si en nuestros días se oye a veces una respuesta en el sentido de la paradoja ella puede formularse de este modo: el resultado permite juzgar de ello. Un héroe, con plena conciencia de ser una paradoja ininteligible, desafía a su época, escandalizándola al mismo tiempo, al gritarle: "el resultado mostrará que tenía un fundamento al obrar tal como lo he hecho". Hoy se oye muy raramente este grito, porque si nuestro tiempo tiene el defecto de no producir héroes, en cambio tiene la ventaja de darnos pocas caricaturas. Por consiguiente, cuando hoy en día se escucha este apóstrofe, inmediatamente se sabe a quién se tiene el honor de hablar. Aquellos que utilizan ese lenguaje forman un gentío numeroso y yo os califico a todos de celadores. Viven en sus pensamientos, llenos de confianza en la vida; tienen una *firme* situación y opiniones *seguras* en un Estado bien organizado; siglos, por no decir milenios, los separan de los trastornos de la vida; no temen que aventuras semejantes se produzcan de nuevo: ¿qué dirían la policía y los periódicos? La tarea de ellos consiste en juzgar a los grandes hombres; y en juzgarlos de acuerdo con los resultados. Una actitud como esa frente a las grandes cosas traiciona una mezcla singular de orgullo y de miseria; de orgullo, pues se creen autorizados a juzgar; de miseria, porque no sienten en lo más mínimo la afinidad de sus vidas con la de los grandes hombres. Cualquiera que posea un grano de *erectioris ingenii,* al menos se guarda de convertirse en un frígido y blando molusco; y al abordar las grandes cosas jamás perderá de vista que, desde la creación del mundo, la costumbre y el uso han sido siempre que el resultado viene en último término y que si se quiere concluir efectivamente una lección de los actos nobles es menester observar los comienzos. Si el hombre que desea obrar pretende estar ya en el resultado, jamás se pone en acción. El héroe ignora si el resultado es capaz de llenar de júbilo al mundo entero, porque sólo lo conoce luego de la realización total; y no es por ésta por lo que ha llegado a ser un héroe, sino porque comenzó.

Aun más, en tanto constituye la respuesta del mundo finito al problema infinito, el resultado es en su dialéctica de una naturaleza absolutamente diferente a la existencia del héroe. ¿Bastaría para probar su derecho a comportarse como Individuo frente a lo general el hecho de que Abraham recibió a Isaac por un *milagro*? ¿Habría sido menos fundado su derecho si realmente hubiese sacrificado a Isaac?

Sin embargo, se siente curiosidad por conocer el resultado como si se tratase de la conclusión de un libro; de la angustia, de la miseria o de la paradoja nada se quiere saber. Se coquetea como esteta con el resultado; éste llega de un modo tan imprevisto, pero no menos fácil que un número premiado por la lotería; y al oír proclamarlo, uno se declara edificado. Sin embargo, no hay ladrón de iglesias, condenado a trabajos forzados, que sea un criminal tan vil como el especulador de lo sagrado, y Judas, que vendió a su maestro por treinta dineros, no es más despreciable que el traficante de acciones heroicas.

Es contrario a mis sentimientos hablar sin humanidad de tan grandes acciones, dejarlas flotar en los indecisos contornos de lejanos horizontes, conservar la nobleza que ellas encierran evitando mostrar sus humanos caracteres, sin lo cual cesan de ser grandes. Porque no es aquello que me sucede lo que me engrandece, sino lo que yo hago; y nadie piensa que se ha hecho grande por haber ganado la lotería. Exijo de un hombre de humilde cuna que no tenga consigo mismo la inhumanidad de no poder representarse el palacio del rey sino a la distancia en el vago ensueño de su magnificencia, erigiéndolo y derribándolo a la vez por haberlo construido sin nobleza; exijo que sea bastante hombre como para acercarse al palacio con toda confianza y dignidad. No debe tener la inhumana impudicia de chocar con todas las convenciones, irrumpiendo desde la calle directamente en los aposentos del soberano, en cuyo caso pierde más que el rey; por el contrario, debe tomar placer en observar la etiqueta, con un alborozo confiado y jubiloso que le dará al mismo tiempo un franco coraje. Esto es únicamente una imagen, pues esa diferencia no es más que un equivalente muy imperfecto de las distancias dentro del mundo del espíritu. Exijo de todo hombre que aparte de sí cualquier inhumano pensamiento que le inhibiera de entrar en esos palacios donde habitan no solamente el recuerdo de los elegidos sino los elegidos mismos. No se debe adelantar hasta ellos invocando cierto parentesco; en cambio debe uno sentirse colmado de alegría cada vez que se inclina ante ellos; pero debe poseerse al mismo tiempo confianza y valor y ser siempre algo más que una criada, porque jamás se será admitido en ese círculo si no se quiere tener un poco de educación. Y en esa angustia y miseria que los grandes hombres han conocido hallará consuelo; si no, y si tiene un poco de tuétano en los huesos, estos grandes únicamente podrán despertar una justa envidia. Y las cosas grandiosas solamente a la distancia, las cosas a las cuales se pretende conferir una altura hecha de palabras huecas quedan reducidas por eso, ellas y uno mismo, a nada.

¿Quién alcanzó en este mundo la grandeza de esa bendita mujer, la madre de Dios, la virgen María? Y sin embargo ¿cómo se habla de ella? No proviene su grandeza de que fuera bendita entre las mujeres, y si una extraña coincidencia no permitiera que el auditorio piense con la inhumanidad de predicador, cualquier muchacha debería sin duda preguntarse: "¿por qué no he sido yo también bendita entre todas?" Si yo no tuviese otra respuesta, de ningún modo creería deber rechazar esta pregunta pretextando su simpleza; porque en lo abstracto, en presencia de un favor todos tienen los mismos derechos. Se olvida la miseria, la angustia, la paradoja. Mi pensamiento es tan puro como el de cualquiera y se purifica ejerciéndose sobre estas cosas; y si no se ennoblece, entonces puede esperarse el espanto; porque una vez que se han evocado esas imágenes ya no puede olvidárselas más; y si se peca contra ellas, sacan de su cólera muda una terrible venganza, más terrible que los aullidos de diez feroces críticos. Indudablemente María dio a luz al niño por un milagro, mas durante este evento fue como las demás mujeres; y este es el tiempo de la angustia, de la miseria y de la paradoja. El ángel fue, sin duda, un espíritu caritativo pero no tan complaciente como para decir a todas las otras vírgenes de Israel: "No despreciéis a María, porque a ella le ha sucedido lo extraordinario". Solamente se presentó ante María, y nadie pudo comprenderla. ¿Qué mujer ha sido sin embargo, tan ofendida como ella? Y allí todavía ¿no es verdad que aquel a quien Dios bendice es maldito con el mismo soplo de su espíritu? Por eso es menester comprender espiritualmente a María. Me subleva decirlo, y más aun pensar en la afectación y ligereza de esta concepción: ella de ningún modo es una hermosa dama que se atavía con un niñodios. A pesar de esto cuando dice: "Soy la sierva del Señor", es grande y supongo que no debe ser difícil explicar por qué ha llegado a ser la madre de Dios. No tiene necesidad de la mundana admiración así como a Abraham no le fueron menester lágrimas; porque ella no fue una heroína ni él un héroe; de ninguna manera llegaron a superar a los héroes escapando a la miseria, al tormento y a la paradoja, sino por el contrario, justamente a causa de esas tribulaciones.

Hay grandeza, oyendo decir al poeta cuando presenta a su héroe trágico a la admiración de los hombres: llorad por él, lo merece"; porque es grande merecer las lágrimas de aquellos que son dignos de derramarlas; encierra grandeza ver al poeta contener a la muchedumbre, corregir a los hombres y examinarlos uno por uno para ver si son dignos de llorar por el héroe porque las lágrimas de los llorones vulgares profanan lo sagrado. Con todo, mis grande es todavía que el caballero de la fe pueda decir al noble carácter que quiere llorar por él: "No llores por mí; pero llora por ti mismo".

La emoción os embarga; retornais a los tiempos felices; un deseo lánguido y dulce os conduce a la cima de vuestros anhelos de ver a Jesús por los caminos de la tierra prometida. La angustia, la miseria, la paradoja son olvidadas. ¿Tan fácil resultaba no errar? ¿No era terrible que fuese Dios ese hombre que andaba entre los demás? ¿No era terrible estar sentado en la mesa con él? ¿Tan fácil era ser apóstol? Mas el resultado, diez y ocho siglos de cristianismo, sirve para algo: sirve para esta burla vil por la cual uno se engaña, y engaña a los otros. No tengo el valor de anhelar ser contemporáneo de estos acontecimientos; pero en cambio, si no juzgo severamente a aquellos que se han engañado, tampoco pienso mediocremente de aquellos que han visto justo.

Retorno a Abraham. Durante el tiempo que precedió al resultado, o bien Abraham fue a cada instante un asesino, o bien nos hallamos en presencia de una paradoja que escapa a todas las mediaciones.

La historia de Abraham comporta entonces una suspensión teleológica de lo moral. En tanto que Individuo, ha superado lo general. Tal es la paradoja que se rehúsa a la mediación. No puede explicarse ni cómo él entra, ni cómo permanece en ella. Si no es éste el caso de Abraham, él no es siquiera un héroe trágico, es un asesino. Es entonces una tontería persistir en llamarle el padre de la fe y conversar de ello con gentes que quieren oír algo más que palabras. El hombre puede llegar a ser un héroe trágico por sus propios esfuerzos, mas no un caballero de la fe. Cuando un hombre emprende el camino, penoso en un sentido, del héroe trágico, muchos deben estar en condición de aconsejarlo; pero a quien sigue la estrecha senda de la fe nadie puede ayudarlo, nadie puede comprenderle. La fe es un milagro; sin embargo nadie está excluido; porque aquello en que toda vida humana halla unidad es la pasión[1] y la fe es una pasión.

[1] Lessing expresó en cierto lugar un pensamiento análogo partiendo de un punto de vista puramente estético. Quiere mostrar en ese pasaje que la tristeza también puede expresarse por una palabra ingeniosa. Refiere con este motivo una réplica del desgraciado rey de Inglaterra Eduardo II en cierta situación. Le opone según Diderot la historia y la aguda respuesta de una campesina. Luego continúa: "eso era también ingenioso y, lo que es más, de una campesina; pero las circunstancias lo hacen inevitable. Y también por consiguiente, no debe buscarse la razón de una palabra ingeniosa provocada por el dolor o la tristeza pretextando que su autor era una persona de calidad, buena educación, inteligente, y para colmo, ingeniosa *porque las pasiones hacen iguales a todos los hombres*; sin duda esta razón consiste en que toda persona sin diferencia hubiese dicho en las mismas circunstancias lo mismo. Una reina habría debido y podido tener el pensamiento de la campesina; y lo mismo con respecto a las palabras del rey: un campesino hubiese podido también pronunciarlas y no habría dejado de hacerlo". (*Sämmt. W.*, vol. 30, pág. 223.)

Problema II

¿Hay un deber absoluto hacia Dios?

Lo moral es lo general y como tal, también lo divino. Por consiguiente, se tiene razón al decir que todo deber en el fondo es un deber hacia Dios; pero si no puede enunciarse nada más, se dirá al mismo tiempo que hablando con propiedad yo no tengo ningún deber hacia Dios. El deber se constituye como tal cuando es referido a Dios, pero en el deber mismo yo no entro en relación con Dios. Así sucede con el deber de amar al prójimo: es deber, en tanto este amor está referido a Dios; sin embargo en este deber no entro en relación con Dios, sino con el prójimo a quien amo. Si bajo esta relación dijo que es mi deber amar a Dios enuncio una simple tautología, siendo tomado "Dios" en el sentido totalmente abstracto de divino, de general, de deber. Toda la vida de la humanidad se redondea entonces y toma la forma de una esfera perfecta donde la moral es, a a vez, el límite y el contenido. Dios se transforma en un punto invisible y se disipa como un pensamiento sin fuerza; su poder sólo se ejerce en la moral que llena la vida. Por lo tanto, si un hombre se imagina amar a Dios en un sentido diferente a éste que se acaba de indicar, desvaría, ama a un fantasma, que, si tuviera fuerzas para hablar, le diría: "No pido tu amor, quédate en tu esfera". Si se cree amar a Dios de otra manera, este amor se hace tan sospechoso como aquel que refiere Rousseau, y según el cual un hombre ama a los cafres en lugar de amar al prójimo.

Si estos puntos de vista son exactos, si no hay nada inconmensurable en la vida humana sino que lo único inconmensurable lo es por un azar del cual nada se sigue, en la medida en que la existencia es contemplada bajo idea, entonces Hegel tiene razón; pero se equivoca al hablar de la fe o al autorizar a ver en Abraham al padre de la fe; porque invocando la otra alternativa ya ha condenado a Abraham y a la fe. En su filosofía, *das Äussere (die Entäusserung),*[1] es superior a das *Innere*[2] como se muestra a menudo con un ejemplo. El niño es *das Innere,* el hombre *das Äussere*; de ahí se sigue que el niño está determinado por lo exterior; inversamente el hombre, como *das Äussere,* está determinado por *das Innere.* La fe es, por el contrario, esta paradoja: lo íntimo es superior a lo externo o, para retomar una fórmula precedente, el número impar es superior al número par.

Dentro de la concepción moral de la vida se trata por lo tanto, para el Individuo, de despojarse de su interioridad para expresarla en algo exterior. Cada vez que eso le repugna, cada vez que se detiene en algún sentimiento, disposición, etc. de orden íntimo o que cae dentro, peca contra sí mismo y entra en un estado de crisis ansiosa. La paradoja de la fe consiste en que hay una interioridad inconmensurable con lo exterior y esta interioridad, interesa notarlo, no es idéntica a la precedente, sino una interioridad nueva. No hay que olvidarlo. Lo nueva filosofía se ha permitido substituir pura y simplemente lo inmediato por "la fe". Cuando se obra de este modo resulta ridículo negar que la fe ha existido siem-

[1] Lo exterior (la exteriorización).
[2] Lo íntimo.

pre. Entra así en la compañía demasiado vulgar del sentimiento, del humor, de la idiosincrasia, *de los vapores,* etc. En este sentido la filosofía puede tener razón al afirmar que no es necesario atenerse a la fe. Pero nada la autoriza a tomar las palabras bajo esa acepción. La fe está precedida por un movimiento de lo infinito; únicamente entonces aparece, *nec inopinate,* en virtud de lo absurdo. Puedo comprenderlo, sin pretender por eso que tengo la fe. Si ella no es otra cosa que aquello que la filosofía le atribuye ser, ya Sócrates ha ido más, mucho más lejos, mientras que en el caso contrario no la ha alcanzado. Ha hecho el movimiento de lo infinito desde el punto de vista intelectual. Su ignorancia no es otra cosa que la resignación infinita. Esta tarea ya es de por sí suficiente para las humanas fuerzas, aunque hoy se la desdeñe; pero ante todo es menester haberla cumplido, es necesario primero que el Individuo se haya agotado en la infinitud para, entonces, llegar al punto en que la fe puede surgir.

La paradoja de la fe consiste por consiguiente en que el individuo es superior a lo general, de manera que, para recordar una diferencia dogmática hoy raramente usada, el Individuo determina su relación con lo general por su referencia a lo absoluto, y no su referencia a lo absoluto por su relación con lo general. Todavía puede formularse la paradoja diciendo que hay un deber absoluto hacia Dios, porque en ese deber el Individuo se refiere como tal absolutamente a lo absoluto. En esas condiciones, cuando se dice que es un deber amar a Dios se expresa otra cosa que lo precedente, porque si este deber es absoluto, lo moral se halla rebajado a lo relativo. De todos modos no se sigue de ahí que la moral sea abolida, sino que recibe una expresión muy diferente, la de la paradoja, de suerte que por ejemplo el amor hacia Dios puede conducir al caballero de la fe a dar a su amor al prójimo la expresión contraria de lo que desde el punto de vista moral es el deber.

Si no es así, la fe no tiene puesto en la vida, es una crisis, y Abraham está perdido, puesto que cedió.

Esta paradoja no se presta a la mediación porque reposa en el hecho de que el Individuo es exclusivamente el Individuo. Cuando quiere expresar su deber absoluto en lo general y toma conciencia de aquél en éste reconoce que entra en crisis y a pesar de su resistencia a esa turbación, no llega a cumplir el dicho deber absoluto; y si no resiste peca, aunque su acto traduzca *realiter* aquello que era un deber absoluto. ¿Qué debía hacer entonces Abraham? Si él dijese a otro: "Amo a Isaac más que a todo en el mundo, eso me es tan duro sacrificarlo", su interlocutor le habría respondido, encogiéndose de hombros: "¿Por qué quieres sacrificarlo entonces?" A menos que, lleno de sutileza descubra que Abraham hace ostentación de sentimientos en flagrante contradicción con su conducta.

Nosotros hallamos una paradoja de este tipo en la historia de Abraham. Desde el punto de vista moral la relación que sostiene con Isaac se expresa diciendo que el padre debe amar a su hijo. Esta relación moral está referida a lo relativo y se opone a la relación absoluta con Dios. Si se pregunta por qué, Abraham no tiene para invocar otra cosa que la prueba, la atención, lo cual, ya se ha dicho, expresa la unidad de una conducta en la que obra por amor de Dios o por amor de sí mismo. El lenguaje usual realza también la correspondencia de estos dos términos. Un hombre hace algo que no entra dentro de lo general: se dice que no ha obrado por amor de Dios, entendiendo allí que ha obrado por amor de sí mismo. La paradoja de la fe ha perdido la instancia intermedia, lo general. Por una parte la fe es la expresión del supremo egoísmo:

ella cumple lo terrorífico, y lo cumple por amor de sí mismo; por otra parte es la expresión del más absoluto abandono; ella obra por amor de Dios. No puede entrar por mediación en lo general puesto que de ese modo es destruida. La fe es esa paradoja y el Individuo no puede absolutamente hacerse comprender de nadie. Se cree, lo sé muy bien, que él lo puede cerca de su semejante situado en el mismo caso. Esta idea sería inconcebible si en nuestros días no se buscase de tantas maneras insinuarla subrepticiamente en las grandes cosas. Un caballero de la fe de ningún modo puede socorrer a otro. O bien el Individuo se transforma en caballero de la fe, cargando él mismo con la paradoja, o bien no llega a serlo jamás. En esas regiones no se puede pensar absolutamente ir en compañía. El Individuo jamás puede recibir si no es de sí mismo cualquier explicación profundizada de lo que es menester entender por Isaac. Y si desde el punto de vista de lo general se pudiese determinarlo con bastante exactitud (por otra parte habría una contradicción terriblemente ridícula en colocar al Individuo, que está fuera de lo general, bajo las categorías generales, puesto que debe obrar en calidad de Individuo hallándose fuera de lo general), con todo el Individuo no podrá de ningún modo asegurarse de ello por otros, más que por sí mismo, en tanto Individuo. De esta manera, si incluso un hombre fuese lo bastante cobarde y miserable para pretender llegar a ser un caballero de la fe bajo la responsabilidad de otros, no lo podría; porque únicamente el Individuo llega a serlo como Individuo; ahí reside su grandeza, que yo puedo comprender, mas no alcanzar, pues me falta el valor; allí también reside el espanto, y yo puedo concebirlo todavía mejor.

Como se sabe, se encuentra una notable doctrina sobre el deber absoluto hacia Dios en el evangelio de San Lucas (XIV, 26): "Si alguno viene a mí y no aborrece a su padre, su madre, su mujer, sus hijos, sus hermanos, sus hermanas e incluso su propia vida, no puede ser mi discípulo". Esta frase es ruda, ¿quién podría escucharla? Y de hecho es muy raramente oída. Ese silencio no es, sin embargo, sino un vano subterfugio. Pues el estudiante de teología aprende que estas palabras se encuentran en el Nuevo Testamento y halla en cualquier manual de exégesis que μισεῖν en este pasaje y en algunos otros significa por atenuación: *minus diligo, posthabeo, non colo, nihil facio*. El contexto no parece sin embargo apoyar esta elegante interpretación. Porque un versículo más adelante se halla la historia de un hombre que queriendo construir una torre comienza calculando el gasto por temor de ser engañado. La estrecha relación de esta parábola con el versículo citado parece significar que los términos deben ser tomados en todo su terrible rigor para que cada cual pruebe por sí mismo si es capaz de erigir esa torre.

Si este piadoso y sentimental exégeta que cree con sus regateos hacer pasar de contrabando al cristianismo en el mundo, alcanzase a convencer a su alumno de que ése es en verdad el sentido del pasaje según la gramática, la lingüística y la analogía, llegaría indudablemente a persuadirlo con eso de que el cristianismo es lo más lamentable que hay en el mundo. Porque la doctrina que, en una de sus más bellas expresiones líricas y donde hierve con mayor vigor la conciencia de su valor eterno, no dice más que una palabra estrepitosa y vacía de sentido, recomendando simplemente menos buena voluntad, menos atención y más indiferencia; la doctrina que en el momento en que aparenta asustar se vuelve bruscamente y balbucea una doctrina así, no merece que uno se levante para seguirla.

La palabras son terribles, pero yo creo que puede comprendérselas sin poseer por eso el coraje de ponerlas en práctica. Es menester tener la lealtad de reconocer lo que está escrito, de anhelar su grandeza, aun cuando no se tenga el valor de conformarse a ellas. De esa suerte no se excluye beneficiarse con el hermoso relato, porque en cierto sentido encierra un consuelo para aquel que no tiene la audacia de intentar la construcción de la torre. Pero es menester ser honesto y guardarse de vender esta falta de valor por humildad, puesto que, por el contrario, se trata de orgullo; y el coraje de la fe es el único hecho de humildad.

Se ve que si el pasaje citado tiene un sentido, éste debe ser entendido al pie de la letra. Dios es aquel que exige un amor absoluto. Pero quien exigiendo el amor de alguien pretende que al mismo tiempo ese amor se manifieste como tibieza hacia aquello que, por otra parte, quiere también, agrega al egoísmo la necedad y sella su sentencia de muerte en tanto pone su vida en la pasión que solicita de esa manera. Un marido exige de su mujer que abandone a sus padres; mas si viese una prueba de amor extraordinario hacia él en la tibieza de que hace prueba respecto de ellos por su causa, sería el último de los tontos. Si posee una idea del amor experimentará un placer descubriendo en el perfecto afecto filial y fraterno de su mujer la seguridad de que ella lo amará como a ningún otro en el reino. Pero gracias a un exégeta, es necesario tener por una idea digna de la divinidad lo que en el hombre pasaría como un signo de egoísmo y necedad.

¿Cómo pues aborrecer a los prójimos? No quiero recordar aquí la diferencia que hacemos entre el amor y el odio, no por el hecho de que encuentre mucho que volver a decir, puesto que con todo ella atestigua la pasión, sino porque es egoísta y no conviene aquí. Por el contrario, si considero la tarea como una paradoja, la comprendo... como se puede comprender una paradoja. El deber absoluto puede entonces conducir a hacer aquello que la moral prohibiría, pero de ninguna manera puede incitar al caballero de la fe a cesar de amar. Es lo que muestra Abraham. Desde el momento que quiere sacrificar a Isaac, la moral afirma que lo odia. Mas si lo odia realmente, puede estar seguro de que Dios no le exige ese sacrificio; en efecto, Caín y Abraham no son idénticos. Él debe amar a su hijo con toda su alma; cuando Dios se lo pida, debe amarle más aún si es posible, y únicamente entonces puede sacrificarlo; porque este amor que siente por Isaac es el que, por su oposición paradojal al amor que siente por Dios, hace de su acto un sacrificio. Pero la miseria y la angustia de la paradoja son el motivo de que Abraham no pueda absolutamente hacerse comprender por los hombres. Únicamente en el instante en que su acto está en absoluta contradicción con su sentimiento es cuando sacrifica a Isaac; sin embargo, la realidad de su acción es aquello por lo que pertenece a lo general y, en este dominio, es y sigue siendo un asesino.

Todavía hay que entender el texto de Lucas de tal manera que se vea que el caballero de la fe no encuentra absolutamente ninguna expresión de lo general (concebido como lo moral) capaz de salvarlo. Cuando, por ejemplo, es la Iglesia la que exige este sacrificio de uno de sus miembros no se tiene más que un héroe trágico. En efecto, la idea de iglesia no difiere cualitativamente de la idea de Estado desde el momento en que el Individuo puede entrar en ella por mediación, y en tanto ha entrado en la paradoja no llega a la idea de iglesia; encerrado dentro de la paradoja encuentra allí necesariamente o bien su felicidad o bien su perdición. El héroe que obedece a la iglesia expresa con su acción lo general y nadie hay en toda la iglesia, incluidos su padre y su madre, que no lo comprenden. Pero él no es el caballero de la fe y por eso también da una respuesta diferente a la de Abraham: no dice que se trata de una prueba o de una tentación a la cual está sometido.

En general la gente se guarda de citar textos como éste de Lucas. Se teme desencadenar a los hombres; desde que al Individuo le place conducirse como tal, se teme lo peor. Dicho de otro modo se piensa que existir a la manera del Individuo es la más fácil de todas las cosas y que por consiguiente, interesa obligar a los hombres a alcanzar lo general. No participo ni de este temor ni de esta opinión; y por el mismo motivo. Cuando se sabe por experiencia que no hay nada más terrible que existir en calidad de Individuo, no se debe temer afirmar que nada hay más grande; pero debe expresárselo también de manera tal que no se haga de estas palabras una trampa para el extraviado a quien más bien debe ayudarse a reintegrarse a lo general cuando sus palabras tampoco dejan ningún lugar al heroísmo. Si no se osa citar textos parecidos tampoco debe tenerse el atrevimiento de mencionar a Abraham; y si se cree que es relativamente fácil existir en calidad de Individuo se muestra indirectamente una muy inquietante indulgencia con respecto a uno mismo, porque si verdaderamente se tiene respeto de sí y cuidado de su alma, se está seguro que quien vive bajo su propio control, solo en el mundo entero, lleva una vida más austera y más cerrada que la de una jovencita en su habitación. No faltan gentes a quienes es necesaria la sujeción y que, libradas a ellas mismas, se arrojarían como bestias salvajes en el egoísmo del placer; nada más verdadero; pero precisamente se trata de mostrar que no se pertenece a esta clase, atestiguando que puede hablarse con temor y temblor; y debe hablarse, por respeto a las grandes cosas, con el fin de que ellas no caigan en el olvido, por temor a las funestas consecuencias que se evitarán si se habla, sabiendo se trata de grandes cosas, conociendo sus terrores, a fatal de la cual ya no se conoce nada tampoco de su grandeza.

Examinemos un poco más de cerca la miseria y la angustia que contiene la paradoja de la fe. El héroe trágico renuncia a sí mismo para expresar lo general; el caballero de la fe renuncia a lo general para convertirse en Individuo. Ya lo he dicho, todo depende de la actitud que se adopte. Si se cree relativamente fácil ser Individuo, puede tenerse la certeza de que no se es caballero de la fe; porque los pájaros en libertad y los genios vagabundos no son los hombres de la fe. Por el contrario, el caballero de la fe sabe que es magnífico pertenecer a lo general. Sabe que es hermoso y benéfico ser el Individuo que se traduce en lo general y que, por así decirlo, da de sí mismo una edición pura, elegante, lo más correcta posible, inteligible a todos; sabe lo reconfortante que es hacerse comprensible a sí mismo en lo general de manera que comprenda esto y que todo Individuo que lo comprenda comprende también lo general, hallando los dos su alegria en la seguridad que da este plano. Sabe cuán bello es haber nacido como Individuo cuya patria es lo general, su vivienda amiga siempre dispuesta a recibirlo cuando quiera habitarla. Pero sabe al mismo tiempo que por encima de ese dominio serpentea un camino solitario, estrecho y escarpado; sabe cuán terrible es haber nacido solitario fuera de lo general y caminar sin hallar un solo compañero de ruta. Sabe perfectamente dónde se encuentra y cómo se comporta con respecto a los hombres. Para ello, él está loco, y no puede hacerse comprender por nadie. Y sin embargo, loco es lo menos que decirse puede. Si no se le mira desde este ángulo, entonces es un hipócrita y tanto más cruelmente cuanto más alto ha trepado por el sendero.

El caballero de la fe sabe qué entusiasmo da la renunciación por la cual se sacrifica para lo general y qué valor es necesario para eso; pero sabe también que hay en esta conducta una seguridad que se obtiene obrando para lo general; sabe que es magnífico ser comprendido por toda alma noble y de tal manera que quien lo considere se ennoblece a su vez. Sabe todo eso y se siente como atado; anhelaría que esa tarea fuera la suya. Abraham habría podido así desear que su papel hubiese sido amar a Isaac: como conviene a un padre, con un amor inteligible a todos, por siempre inolvidable; podría desear que su tarea consistiese en sacrificar a Isaac por el interés general, despertando en los padres el entusiasmo de las hazañas gloriosas; y se sentía casi espantado pensando que esos deseos no son sino crisis y como tales deben ser tratados; porque sabe que sigue un camino solitario que no hace nada por el interés general sino que simplemente es probado y tentado. ¿Qué hizo por otra parte Abraham para lo general? ¡Permítase hablar de esto como hombre, con toda humanidad! Recibe luego de setenta años el hijo de la vejez. Ese bien que otros han obtenido muy pronto y para regocijarse durante largo tiempo, él lo esperó setenta años, y ¿por qué? Porque ha sido probado y tentado. ¡No es la locura!

Pero Abraham creyó, únicamente Sara sintió vacilar su fe, induciéndolo a tomar a Agar por concubina; pero por eso también tuvo que echarla. Recibe a Isaac, y de nuevo debe conocer la prueba. Conocía la belleza de expresar lo general, la alegría magnífica de vivir con Isaac. Mas no es ésa su misión. Sabía que sacrificar un hijo semejante al bien general es digno de un rey; en ello habría hallado reposo; y así como la vocal descansa en la consonante que la apoya, del mismo modo todos aquellos que lo celebraran habrían hallado reposo en su hazaña mas no es ésa su misión, ¡él es probado! Aquel capitán romano famoso bajo el apodo de Cunctator contuvo al enemigo con sus contemporizaciones: ¡qué contemporizador no es Abraham en comparación! Pero no salva al Estado. Tal es la substancia de ciento treinta años! ¡Quién podría soportar esa espera! Su contemporáneo, si todavía quedaba uno, habría dicho: "Abraham no se ha cansado de aguardar y finalmente tiene un hijo; ¡ha hecho falta tiempo! Pero ahora quiere sacrificarlo, ¿no está loco, acaso? ¡Si todavía pudiese explicarse! pero repite siempre que es una prueba". Por otra parte, Abraham, no podía agregar nada más, porque su vida es como un libro bajo secuestro divino, y que no se hace *juris publici.*

He ahí lo terrible. Si no se lo ve, puede estarse seguro que no se es un caballero de la fe; pero si uno se da cuenta, no negará que incluso el más probado de los héroes trágicos tiene el aspecto de ir a un baile, comparado con este caballero que no avanza sino lentamente y arrastrándose. Si se lo ha reconocido y se ha asegurado de que no tiene el valor de comprenderlo, imagínese entonces la gloria maravillosa obtenida por este caballero que se hace familiar a Dios, amigo del Señor, y que, para expresarme en una forma completamente humana, tutea al amo del cielo, a quien el mismo héroe trágico no habla sino en tercera persona.

El héroe trágico ha concluido pronto, ha terminado pronto el combate; ha cumplido el movimiento infinito y ahora halla seguridad en lo general. Por el contrario, el caballero de la fe no conoce el reposo, su prueba es constante, a cada instante tiene una posibilidad de retornar, arrepintiéndose, al seno de lo general, y esa posibilidad puede ser crisis tan bien como verdad. No puede pedir a nadie que lo ilumine, porque entonces estaría fuera de la paradoja.

El caballero de la fe posee, pues, desde un principio la pasión necesaria para concentrar la moral, que rompe, en ese único punto que consiste en darse la seguridad de que ama realmente a Isaac con toda su alma.[1] Si no puede está en crisis. En otras palabras, tiene suficiente pasión como para movilizar en un abrir y cerrar de ojos toda esta seguridad y de tal modo que ella no pierda nada de su primitiva validez. Si no lo puede, permanece en el mismo lugar, porque entonces le es menester recomenzar constantemente. El héroe trágico también concentra en un punto decisivo lo moral que ha superado teleológicamente; pero para eso halla un apoyo en lo general. El caballero de la fe sólo dispone en todo y para todo de sí mismo: de ahí, lo terrible de su situación. La mayor parte de los hombres viven en una obligación moral, postergando día a día el trabajo de cumplirla; pero jamás llegan a esta concentración apasionada, a esta conciencia enérgica. Para obtenerla el heroe trágico puede en cierto sentido pedir socorro a lo general, pero el caballero de la fe está solo en todo momento. El héroe trágico obra

---

[1] Aclararé una vez más la diferencia del conflicto tal como se presenta al héroe trágico y al héroe de la fe. El primero se asegura de que la obligación moral está totalmente presente en él por el hecho de que la cambia en un deseo. De este modo Agamenón puede decir: la prueba de que yo no soy infiel a mi deber paternal reside en que el objeto de mi deber es mi único deseo. Tenemos por lo tanto aquí presentes deseo y deber frente a frente. La feliz oportunidad de la vida es la concordancia de deseo y deber; e inversamente la mayor parte de la tarea consiste precisamente en permanecer en el deber y en convertirlo por el entusiasmo en un deseo. El héroe trágico renuncia a su deseo para cumplir con su deber. Para el caballero de la fe deseo y deber son absolutamente idénticos, pero se halla en la necesidad de renunciar a ambos. Cuando por consiguiente, quiere resignarse renunciando a su deseo no encuentra el reposo, porque él mismo es el objeto del deber. Si quiere permanecer en el deber y en el deseo no se convierte en el caballero de la fe, porque el deber absoluto exige justamente que renuncie al deber. El héroe trágico expresa un deber superior, pero no absoluto.

esa concentración y encuentra el reposo en lo general; el caballero de la fe tiene sin cesar el aliento contenido. Agamenón renuncia a Ifigenia y con eso encuentra el reposo en lo general; entonces puede sacrificarla. Si no efectúa ese movimiento, si en el instante decisivo su alma en lugar de operar la concentración apasionada se pierde en necedades generales como, por ejemplo, que tiene otras hijas y que *quizá* pudiese todavía ocurrir *lo extraordinario,* se desprende de ello que no es un héroe, sino que está maduro para el manicomio. Abraham conocía también la concentración del héroe aunque para él eso hubiese sido mucho más difícil, a falta de apoyo en lo general; pero efectúa todavía un movimiento por el cual recoge su alma con vistas al prodigio. Si no lo ha hecho, no es otra cosa que un Agamenón en la medida en que aún puede justificar el sacrificio de Isaac cuando no encierra utilidad para lo general.

El Individuo solo puede decidir si está verdaderamente en una crisis o si es un caballero de la fe. Sin embargo, la paradoja permite mostrar ciertos caracteres que puede comprender también quien no se encuentra en esa situación. El verdadero caballero de la fe es siempre aislamiento absoluto; el falso caballero es sectario, es decir, que trata de salir del estrecho sendero de la paradoja para llegar a ser un héroe trágico barato. El héroe trágico expresa lo general y se sacrifica a ello. En lugar de obrar así, el polichinela sectario posee un teatro privado, algunos buenos amigos y compañeros que representan lo general tan bien como los asesores de *La tabaquera de oro* representan la justicia. Por el contrario el caballero de la fe es la paradoja, es el Individuo, absoluta y únicamente el Individuo, sin conexiones ni consideraciones. Ésa es su terrible situación, que el débil sectario no puede soportar. En lugar de sacar la conclusión de reconocer su incapacidad para hacer lo que es grande y de confesarlo sinceramente, lo cual no puedo menos que aprobar yo, puesto que justamente ésa es mi actitud, el pobre diablo se imagina que uniéndose a algunos de sus semejantes podrá alcanzar el término de su intento. Pero no tiene en modo alguno éxito, el mundo del espíritu no se deja engañar. Una docena de sectarios se toman de la mano; no comprenden absolutamente nada de la crisis de la soledad, que aguardan al caballero de la fe y a las cuales no puede sustraerse, porque sería todavía más terrible abrirse camino con demasiada audacia. Los sectarios se ensordecen mutuamente con gran ruido, mantienen con sus gritos la angustia a distancia y este conjunto de gentes aullando de miedo creen asaltar el cielo y seguir el camino del caballero de la fe; pero éste, en la soledad de] universo, jamás oye una voz humana; va solo con su terrible responsabilidad.

El caballero de la fe no tiene otro apoyo que él mismo; sufre por no poder hacerse comprender, pero no siente ninguna vana necesidad de guiar a otros. Su dolor es su seguridad; ignora el deseo vano, su alma es demasiado seria para eso. El falso caballero se traiciona por esa habilidad adquirida en un instante. No comprende absolutamente que si otro Individuo debe seguir el mismo camino debe llegar a ser Individuo exactamente de la misma manera, sin tener por consiguiente necesidad de directivas de nadie y, sobre todo, de quien pretende imponerse. Aquí se sale nuevamente del sendero de la paradoja; no puede soportar el martirio de la incomprensión; prefiere, lo cual es muy cómodo, imponerse a la admiración del mundo mostrando su habilidad. El verdadero caballero de la fe es un testigo, nunca un maestro; en esto reside su profunda humanidad mucho más significativa que esta frívola participación en la felicidad o en la desgracia de otro honrada con el nombre de simpatía y que es pura vanidad. Se quiere simplemente ser testigo: con esto se confiesa que nadie, incluso el último de los hombres, tiene necesidad de compasión humana ni de mostrar su envilecimiento para que otro se haga un pedestal. Pero como este testigo no ha conseguido fácilmente lo que ganó, tampoco lo vende a vil precio y no tiene la bajeza de aceptar la admiración de los hombres para ofrecerles en cambio su secreto menosprecio; sabe que la verdadera grandeza es accesible a todos por igual.

Por consiguiente, o bien hay un deber absoluto hacia Dios y en este caso es la paradoja descripta según la cual el individuo se encuentra como tal por encima de lo general y como tal se halla en una relación absoluta con lo absoluto, o bien jamás ha tenido fe porque ella ha existido siempre, o bien todavía Abraham está perdido a menos que se explique el texto de Lucas (XIV) a la manera del elegante exégeta y se interpreten parecidamente los pasajes correspondientes y análogos.

Problema III

¿Puede justificarse moralmente el silencio de Abraham
frente a Sara, Eliezer e Isaac?

Lo moral es, como tal, lo general, y bajo este último título, aun lo manifiesto. Definido como ser inmediatamente sensible y psíquico, el Individuo es el ser oculto. Su tarea moral consiste entonces en revelar su secreto para manifestarse en lo general. Cada vez que quiere permanecer en lo oculto comete un pecado y entra en una crisis de la cual no puede salir sino manifestándose.

Henos aquí todavía en el mismo punto. Si no hay un interior oculto justificado por el hecho de que el Individuo como tal es superior a lo general, la conducta de Abraham es insostenible, porque ha desdeñado las instancias morales intermediarias. Pero si posee un tal interior oculto, estamos en presencia de la paradoja irreductible a la mediación, puesto que descansa en el hecho de que el Individuo como tal está por encima de lo general, siendo lo general la mediación. La filosofía hegeliana no admite un interior oculto, un inconmensurable fundado en derecho. Por lo tanto, es consecuente reclamando la manifestación, pero no está en la verdad cuando pretende considerar a Abraham como el padre de la fe y disertar sobre esto. Porque la fe no es la inmediatez primera, sino un inmediato ulterior. La primera inmediatez es el dominio estético, y aquí la filosofía hegeliana puede tener razón. Pero la fe no pertenece al estadio estético; o entonces no hay fe porque ella siempre ha existido.

Lo mejor aquí es considerar todo el problema desde el punto de vista estético y proceder a este efecto a un examen estético al cual ruego al lector se preste provisionalmente sin reservas, en tanto que para contribuir por mi parte, modificaré mi exposición según el tema. Me propongo el análisis minucioso de la categoría de *lo interesante* que, en nuestros días sobre todo, en que se vive *in discrimine rerum,* ha tomado una gran importancia, porque ella es verdaderamente la categoría del giro crítico. No se debería, pues, como sucede a veces, luego de haberla cultivado *pro virili,* despreocuparse de ella con el pretexto de que no está ya a la altura de uno; pero tampoco se debe ser demasiado ávido de ella, porque es cierto que llegar a ser interesante o tener una vida interesante no es una labor que el arte industrial pueda resolver; es un privilegio funesto que, como todos los del espíritu, sólo se paga al precio de profundos dolores. Por eso Sócrates fue el más interesante de los hombres que han vivido, y su vida la más interesante de las vidas vividas; pero esa existencia le fue asignada por el dios; y en la medida en que le fue menester adquirirla por sí mismo no ha dejado de conocer el dolor y la pena. Cualquiera que examine la vida con cierta seriedad no tiene motivos para tomar en vano una existencia semejante; y con todo, no es raro ver hoy en día ejemplos de intentos tales. Lo interesante es, por otra parte, una categoría límite en los confines de lo estético y de lo ético. En esta medida el examen debe realizar siempre incursiones sobre el terreno moral, bien que, para hacerse significativo, deba tomar el problema con un fervor íntimo y una concupiscencia verdaderamente estéticas. Hoy día la moral se ocupa muy raramente de estos problemas. El motivo debe residir en la imposibilidad para el sistema de otorgarles derecho de ciudadanía. Podría tratárseles en monografías que nada impide hacer breves si no se quiere extenderse en detalles, llegando sin embargo, al mismo resultado a condición de disponer del predicado; porque uno o dos predicados pueden revelar todo un mundo. ¿No habría ya algún lugar en el sistema para estas palabritas?

Léese en la inmortal *Poética* de Aristóteles: δύο μὲν οὖν τοῦ χύθου μέρὶ περὶ ταῦτ 'ἐοτί, περιπέτειακαὶ ἀναγνώρισις.[1] Naturalmente sólo me interesa aquí el segundo momento, ἀναγνώριοις el reconocimiento. En todas partes donde interviene se trata *eo ipso* de una cosa previamente oculta. Así como el reconocimiento produce el alivio, del mismo modo la cosa oculta es la tensión de la vida dramática. En los desarrollos anteriores de Aristóteles en el mismo capítulo sobre los diversos méritos de la tragedia, según que peripecía y reconocimiento actúen simultáneamente y sobre el reconocimiento simple y doble, no puedo detenerme aquí, bien que, por su penetración, calma y profundidad son una tentación para el pensador desde mucho tiempo fatigado por la superficial omnisciencia de los vulgarizadores sistemáticos. Me contentaré con una observación más general. En la tragedia griega el hecho oculto (y, por consiguiente, el reconocimiento) es un resto épico cuyo principio es una fatalidad en la cual desaparece la acción dramática y de donde saca la tragedia su misterioso origen. De allí que el efecto producido por una tragedia griega sea análogo a la impresión que se recibe ante la vista de una estatua de mármol a la que falta el poder de la mirada. La tragedia griega es ciega. También es menester cierta abstracción para sufrir bien su influencia. Un hijo mata a su padre pero só-

---

[1] He aquí pues dos partes constitutivas de la fábula: la peripecia y el reconocimiento. (Aristóteles, *Poética*, 1542 *b* 9-10).

lo entonces se entera de que es parricida. Una hermana va a sacrificar a su hermano, cuyo parentesco le es revelado en el instante decisivo. Este género de lo trágico de ningún modo puede convenir a nuestra época de *reflexión*. El drama moderno se ha desembarazado del destino; se ha emancipado dramáticamente; es vidente, se escruta así mismo y hace actuar al destino en la conciencia del drama. Cosa oculta y manifestación son en estas condiciones el libre acto del héroe que lleva sobre sí toda la responsabilidad.

La cosa oculta y el reconocimiento son también un elemento esencial del drama moderno. Sería fastidioso aducir ejemplos. Nuestro tiempo se abandona de tal modo a la voluptuosidad de lo estético, se encuentra de tal modo inflamado y propicio a la fecundación, que concibe con la facilidad de la perdiz a la que le es suficiente, según el decir de Aristóteles, escuchar la voz del macho u oír su vuelo por encima de ella; tengo, pues, la cortesía de creer que ante el solo término de "cosa oculta" cada cual podrá sin dificultad extraer de su manga una docena de novelas y comedias. Por esto seré breve y daré simplemente una nota de orden general. Si jugando a ocultarse e introduciendo de este modo el fermento dramático en la obra, se oculta algún *sin sentido,* tenemos una comedia; por el contrario, si se sostiene una relación con la idea, puede alcanzarse el rango de héroe trágico. Un simple ejemplo para lo cómico: un hombre se aliña y lleva peluca. Desearía tener éxito frente al bello sexo, y está casi seguro de triunfar gracias al artificio que lo hace absolutamente irresistible. Cautiva a una joven y se siente en la cumbre de la felicidad. Pero he aquí lo mejor: si es capaz de confesar su superchería no pierde todo su poder de seducción, y presentándose como todo el mundo e incluso calvo no se ve despedido por la amada. La cosa oculta es un libre acto del cual es responsable ante la estética. Esta ciencia no ama al hipócrita de cráneo pelado que ella expone al ridículo. Esto bastará para hacerme entender; lo cómico no puede ser el objeto ni el interés de este estudio.

He de desentrañar por vía dialéctica cómo juega lo oculto en la estética y en la ética; porque se trata de mostrar la absoluta diferencia entre lo oculto estético y la paradoja.

Algunos ejemplos. Una joven está secretamente enamorada de un joven sin que ambos se hayan confesado en definitiva su amor recíproco. Los padres de la joven la obligan a otro matrimonio (ella puede por otra parte dejarse llevar por la piedad filial); les obedece, esconde su sentimiento "para no hacer desgraciado al otro, y nadie sabrá nunca lo que ella sufre". Un jovenzuelo puede poseer el objeto de sus deseos y de sus sueños inquietos con una sola palabra. Pero esta palabrita puede comprometer y hasta (¿quién sabe?) arruinar a toda una familia; por lo tanto resuelve noblemente conservar su secreto; "la joven jamás sabrá su pasión, para que quizá sea feliz aceptando la mano de otro". Es lastimoso que estos dos seres, uno y otro y los dos en particular se oculten a quien realmente aman, se escondan uno del otro, porque aquí podría efectuarse una unión de un notable carácter superior. El disimulo de ambos es un acto libre del cual también son responsables ante la estética. Pero esta ciencia llena de delicadeza y de cortesía tiene más recursos que un gerente de montepío. ¿Qué hace entonces? Todo lo posible en favor de los amantes. Los dos candidatos al matrimonio proyectado son advertidos por casualidad ambos de la noble resolución del otro; se explican, se casan y al mismo tiempo adquieren la figura de héroe real, porque aunque no hayan tenido tiempo siquiera de dormir sobre sus heroicas resoluciones, la estética considera la conducta de ellos como si hubiesen luchado valerosamente durante años para mantener sus designios. Porque la estética hace caso omiso del tiempo, el cual transcurre para ella con igual velocidad ya se trate de una broma o de algo serio.

Mas la ética no admite ni este azar ni esta delicadeza, y tampoco tiene del tiempo un concepto tan expeditivo. El problema toma aquí un aspecto nuevo. No es bueno disputar con la ética porque tiene categorías puras. Ella no invoca la experiencia, casi la más ridícula de todas las cosas risibles, que lejos de dar cordura, si no se conoce nada por encima de ella más bien hace insensatos. La ética ignora el azar y, por consiguiente, no tiene nada que hacer con los golpes de teatro; no juega con las dignidades, carga con una pesada responsabilidad las magras espaldas del héroe, condena como presuntuoso por querer burlar a la providencia con sus actos, y no reprueba menos que intente hacerlo con sus sufrimientos. Invita a creer en la realidad y a luchar valerosamente contra todas sus vicisitudes, sobre todo contra esos sufrimientos imaginarios que uno se forja bajo propia responsabilidad, pone en guardia contra los cálculos sofísticos de la razón, todavía menos dignos de fe que los oráculos de la antigüedad. Pone en guardia contra toda nobleza intempestiva: deja obrar la realidad, siempre habrá tiempo de mostrar tu valor y entonces encontrarás en la ética todo el socorro necesario. Sin embargo, si estos dos seres siguen un impulso profundo, si examinan la tarea y se aplican a ella con seriedad, el esfuerzo no será estéril; pero la ética ofendida no podrá socorrerlos porque guardan ante ella un secreto que han asumido a su cuenta y riesgo.

De este modo lo estético exigía lo oculto y lo recompensababa; la ética exige la manifestación y condena lo oculto.

Pero la estética también exige a veces la manifestación. Cuando el héroe está envuelto en la ilusión estética y cree salvar a otra persona callándose, la estética desea el silencio y lo recompensa; por el contrario cuando los actos del héroe arrojan la desgracia sobre la vida de otro, quiere la claridad. Llego aquí al héroe trágico y voy a examinar un instante *Ifigenia en Aulide,* de Eurípides. Agamenón debe sacrificar a su hija. Lo estético exige de él que calle, porque sería indigno de un héroe buscar consuelo en otro; en consideración a las mujeres todavía debe ocultarles su designio durante todo el tiempo posible. Por otra parte, para merecer su nombre, el héroe trágico debe pasar también por la terrible crisis en que lo pondrán las lágrimas de Clitemnestra y de Ifigenia. ¿Qué hace lo estético? Ofrece un expediente haciendo intervenir a un viejo servidor que revela todo a Clitemnestra. De esta suerte todo está en orden.

Pero la ética no dispone de ningún azar ni de ningún viejo servidor. La idea estética se contradice desde que debe ser ejecutada en la realidad. Por esto la ética exige la manifestación. El héroe trágico muestra su valor moral por el hecho de que, libre de toda ilusión estética, anuncia él mismo a Ifigenia su destino. Si lo hace, entonces es el hijo bien amado de la ética y en quien ella pone toda su complacencia. Si se calla, el motivo puede consistir en que cree de este modo aliviar el sufrimiento de los otros, pero quizás también el suyo propio. Sin embargo, se sabe libre de este último cuidado. Si se calla, como Individuo se carga de responsabilidad en la medida en que desprecia un argumento que puede venir de fuera. No puede hacerlo como héroe trágico; la ética lo ama, en efecto, porque él expresa constantemente lo general. Su acto heroico exige coraje, pero este coraje a su vez requiere que no se sustraiga a ningún argumento. Ahora bien, las lágrimas son un terrible *argumentum ad hominem* y ellas conmueven a veces a quien nada ha conmovido. En la tragedia de Eurípides, Ifigenia puede recurrir a las lágrimas; en realidad, deben serle concedidos, como a la hija de Jefté, dos meses para llorar, no en la sociedad, sino a los pies de su padre, poniendo en acción todo su arte "hecho únicamente de lágrimas" y abrazado sus rodillas en lugar de presentarle la rama de olivo de las suplicantes. (Cf. *Ifig. en Aul.* Verso 1224).

Lo estético ordenaba la manifestación, pero salía de cuidados por un golpe de azar; la ética reclamaba igualmente y hallaba en el héroe trágico su manifestación.

Pese al rigor con el cual la ética requiere de este modo la manifestación, no puede negarse, sin embargo, que el secreto y el silencio no confieren al hombre una grandeza real, y precisamente porque son determinaciones de la vida interior. Amor dejando a Psiqué le dice: "Si tú guardas silencio, darás al mundo un niño que será dios; pero hombre, si tú traicionas el secreto". El héroe trágico, favorito de la ética, es el hombre puro; también puedo comprenderlo, y todo lo que hace sucede a plena luz. Si voy más lejos tropiezo con la paradoja, es decir, con lo divino y con lo demoníaco, porque el silencio es lo uno y lo otro. El silencio es la trampa del demonio, cuanto más lo guarda, tanto más temible es también el demonio; pero el silencio también es un estado en el cual el Individuo toma conciencia de su unión con la divinidad.

Antes de pasar a la historia de Abraham evocaré algunos personajes poéticos. Los mantendré de pie por el poder de la dialéctica y, blandiendo sobre ellos la disciplina de la desesperación, les preservaré de la inmovilidad con el fin de que puedan lo más posible descubrir en la angustia esto y aquello.[1]

---

[1] Estos movimientos y situaciones todavía podrían ser objeto de estudios estéticos; por el contrario, dejo en suspenso el problema de saber en qué

Aristóteles narra en su *Política* una anécdota relativa a los disturbios civiles ocurridos en Delfos, ocasionados por una historia de matrimonio. *El novio a quien los augures predijeron una desgracia consecutiva a sus esponsales cambió súbitamente de plan en el instante decisivo en que vino a buscar a su novia;* negóse a celebrar las bodas. No es menester nada más.[1] En Delfos este suceso no transcurrió sin lágrimas; si un poeta se inspirase en él indudablemente podría contar con la simpatía. ¿No es terrible que el amor tan a menudo proscripto de la vida se vea todavía arrebatado el socorro del cielo? ¿Y no es transformada aquí en escarnio la vieja frase que hace del ma-

medida los de la fe y de la vida religiosa pueden prestarse a eso. Como es siempre para mí una satisfacción expresar mi reconocimiento a quien se lo debo, deseo simplemente agradecer a Lessing algunas indicaciones sobre el drama cristiano dadas en su *Hamburgische Dramaturgie.* Sin embargo él se ha atenido al aspecto puramente divino de esta vida (la victoria completa); ha desesperado también del sujeto. Quizás hubiese juzgado de otra manera si hubiese sido más atento al aspecto estrictamente humano. *(Theologia viatorum.)* Sin duda sus desarrollos son muy breves, un poco evasivos; pero, como en cualquier oportunidad me siento feliz elogiando a Lessing, lo hago sin tardanza. Lessing no fue solamente uno de los cerebros más comprensivos de Alemania, no fue solamente favorecido por una muy rara seguridad de erudición que permite apoyarse con toda confianza sobre sus análisis y sobre él mismo sin temer ser engañado por citas que no tienen sentido, por frases semi-comprendidas sacadas de colecciones dudosas, o ser desorientado por la ruidosa publicación de novedades que los antiguos han expuesto mucho mejor; sino que tuvo el don extremadamente raro de explicar lo que había comprendido. Él se atuvo a eso; en nuestros días se va más lejos, se explica más de lo que se ha comprendido.

[1] La catástrofe histórica fue según Aristóteles la siguiente: para vengarse, la familia se procuró un vaso sagrado que escondió entre el moblaje del novio, quien, entonces, fue condenado como ladrón sacrílego. Poco importa, sin embargo; porque no se trata de saber si la familia dio pruebas de ingenio o de necedad vengándose; esto sólo cuenta en la medida en que transcurre en la dialéctica del héroe. En lo restante es demasiado fatal que éste se precipite en el peligro queriendo evitarlo con su negarse al matrimonio y que su vida entre doblemente en contacto con lo divino primero, por la predicción de los augures, y segundo por su condenación como ladrón del templo.

trimonio una institución divina? De ordinario son las vicisitudes del mundo finito las que se encarnizan como espíritus malignos con los amantes, tratando de separarlos; pero el amor tiene al cielo de su parte, y por eso esta santa alianza triunfa de sus enemigos. Pero aquí es el cielo quien separa lo que el cielo ha unido. ¿Quién lo hubiese creído? La pobre novia, seguramente menos que cualquier otro. Hace un instante todavía, ella estaba en el gineceo en toda su belleza; sus amables compañeras la habían revestido de sus atavíos con el más atento de los cuidados, a satisfacción de todos, no solamente felices sino celosas, sí, dichosas ante la imposibilidad de aplicarse con más celo aún, porque no le era posible a la novia estar más bella. Se hallaba sola en su alcoba y se metamorfoseaba de belleza en belleza; pues todos los recursos del arte femenino eran utilizados en ataviar dignamente a la digna novia; sin embargo, faltaba todavía una cosa en la cual las jóvenes siervas no habían pensado: un velo más fino, más ligero y, sin embargo, más impenetrable que aquel con el cual la habían revestido, un traje de novia del cual ninguna joven sabía nada o no podía generosamente proveerla, el vestido que ella misma no había tenido la inteligencia de ponerse. Una fuerza invisible y amiga que se place en adornar a una novia la envolvió en ese velo sin que se percatara; porque sólo ella vio pasar al novio y ascender al templo. Vio cerrarse las puertas tras él y se sintió aún más calma y más dichosa porque sabía que ahora él le pertenecía más que nunca. La puerta del templo abrióse; él salió, bajó ella púdicamente los ojos y no vio cuán conturbado estaba el rostro del amado; pero él sí comprendió que el cielo estaba celoso de los encantos de su ama y de su propia felicidad. Abrióse la puerta del templo, las siervas vieron salir al joven, pero en su prisa por ir en busca de su ama no notaron la turbación de su rostro. Entonces ella se adelantó en toda su virgen humildad, semejante, sin embargo, a una soberana entre todas las jóvenes que se inclinaron ante ella según acostumbran a hacerlo siempre delante de la novia. De este modo permaneció frente a la graciosa teoría y esperó –un instante solamente, pues el templo estaba muy cerca– y el novio llegó; mas no se detuvo frente al portal.

Pero yo me detengo. No soy un poeta y sólo me dejo guiar por la dialéctica. Notemos ante todo que el novio no fue advertido sino en el instante decisivo. Por lo tanto nada tiene que reprocharse, porque no se comprometió a la ligera. Además tiene a su favor o más bien en su contra, una predicción divina; no se comporta pues de acuerdo con su propia prudencia, como los amantes vulgares. Resulta, además, obvio que esa predicción lo hace a él tan desgraciado como a la joven, e incluso un poco mas, puesto que él es el objeto. Verdad es, sin duda, que los augures predijeron la desgracia *únicamente a él*; pero se trata de saber si este infortunio es de naturaleza tal que, al desencadenarse, afectará a la felicidad conyugal. ¿Qué debe hacer, por consiguiente? 1° ¿Debe callarse y celebrar los esponsales, esperando que quizá la desdicha no sobrevenga, de inmediato? En todo caso, he respetado entonces al amor sin temer hacerme desdichado; pero debo guardar silencio, porque si no el instante de efímera felicidad está perdido. Este punto de vista, plausible en apariencia, es absolutamente inadmisible; porque obrando de esta manera el novio ofende a la muchacha. Callándose, la convierte en culpable, en cierto sentido; en efecto, prevenida, sin duda, ella jamás habría consentido en semejante unión. En la hora aflictiva, él no solamente debería soportar la desgracia sino todavía la responsabilidad de haber guardado silencio y la justa cólera de aquella a la cual no ha advertido. 2º ¿Debe callarse y dejar de celebrar el matrimonio? En este caso debe entrar en una mistificación, con lo cual se aniquila en sus relaciones con ella. Quizás lo estético no vería inconvenientes. Entonces la catástrofe podría producirse de manera análoga a la verdadera, excepto la intervención a último momento de una explicación, con todo tardía, porque para la estética es necesario dejarlo morir: a menos que esta ciencia sea capaz de levantar la funesta profecía. Sin embargo, a pesar de su valor, esta conducta implica una ofensa al respeto hacia la joven y la realidad de su amor. 3º ¿Debe hablar? Nuestro héroe, no hay que olvidarlo, es un poco demasiado poeta para que la renunciación al amor no signifique para él otra cosa que una especulación comercial desdichada. Si habla, todo se convierte en una historia de amor desgraciado semejante a la de *Axel* y *Valborg*.[1] Se tiene entonces una pareja que el cie-

---

[1] Desde este punto de vista podría seguirse otro movimiento dialéctico. El cielo le predice una desgracia ocasionada por su matrimonio; entonces él podría dejar de celebrar la ceremonia sin renunciar a la joven, llevado a vivir con ella en una unión romántica más que satisfactoria para los amantes. Pero esta conducta implica una ofensa a la joven porque, aún amándola, no expresa lo general. Con todo, habría allí un tema, tanto para un poeta como para un moralista defensor del matrimonio. Sobre todo la poesía, si ha estado atenta a lo religioso y al carácter profundo de la individualidad, hallará allí una materia mucho más rica que aquella en la cual se inspira al presente. Siempre y sin cesar se oye repetir la misma historia: un hombre está ligado a una joven a la cual amó una vez, quizás nunca sinceramente porque ahora halla su ideal en otra. Un hombre comete un error en la vida; ha tomado el buen camino pero se ha equivocado de casa porque es al lado, en la segunda, donde habita su ideal: he ahí, se piensa, tema para la poesía. Un amante se ha equivocado; ha visto a la amada a la luz de la lámpara y ha creído que ella poesía cabellos castaños, pero, a la luz del día, es rubia; y es la hermana de ella quien resulta su ideal. He ahí todavía material para la poesía. Según mi criterio un hombre de este género es un Laban, insoportable en la vida y merecedor aún de una silbatina cuando quiere darse importancia en poesía. Un conflicto poético resulta únicamente del choque de la pasión contra la

lo mismo separa. Sin embargo, en el caso presente la separación debe ser interpretada de un modo un poco diferente, puesto que resulta del libre acto de los individuos. La extrema dificultad dialéctica de este asunto proviene de que la desgracia debe caer únicamente sobre el novio. Los amantes no tienen, pues, un término común como Axel y Valborg para expresar sus sufrimientos, ya que el cielo separa a Axel y Valborg en igualdad de situación. Si tal fuera este caso, podría concebirse una salida. Porque el cielo no recurre a un poder visible para separarlos, sino que les deja ese cuidado, de modo que podría admitirse que ellos se resuelven, concordes, a afrontar al cielo y sus amenazas.

Sin embargo la ética ordena al novio que hable. Su heroísmo consiste entonces esencialmente en renunciar a la magnanimidad estética, que, en el caso, nunca podría ser sospechosa de la pizca de vanidad que oculta el secreto, porque él debe ver claramente que hace la desgracia de la joven. La realidad de ese valor heroico reposa, sin embargo, sobre un supuesto que él ha tenido y que suprimió; si no, no faltarían héroes en nuestra época, en la cual se ha llevado a un alto grado de virtuosismo el arte del falsario, que realiza grandes hechos saltando por encima de las dificultades intermedias.

Pero ¿para qué este bosquejo, ya que me atengo al héroe trágico? Pues porque podría arrojar un poco de luz sobre la paradoja. Todo depende entonces de la relación del novio respecto de la predicción que de una u otra manera decide so-

---

pasión: no consiste en la batahola de los detalles en el seno de la misma pasión. En la Edad Media por ejemplo, cuando una joven enamorada se convence de que el amor terreno es un pecado y de que ella prefiere el amor celestial, se tiene un conflicto poético y la joven es digna de la poesía porque su vida está fundada en esa idea.

bre su vida. ¿Es esta predicción *publici juris?* ¿Es un *privatissi-mum?* La escena transcurre en Grecia; la profecía de un augur es inteligible para todos; quiero decir que no solamente el Individuo puede alcanzar el contenido literal sino también comprender que un augur anuncia al Individuo la voluntad del cielo. La profecía del augur es, por consiguiente, inteligible no solamente al héroe, sino también a todos, y no hay ninguna relación privada con la divinidad. Haga lo que haga el novio, la predicción se cumplirá; ni obrando ni absteniéndose podrá entrar en una estrecha relación con la divinidad; no llegará a ser el objeto ni de su gracia ni de su cólera. Cada cual podrá comprender el efecto de la predicción tan bien como el héroe que no posee ninguna esquela secreta legible únicamente para él. Por lo tanto, si quiere hablar, puede hacerlo cómodamente, porque puede hacerse comprender; y si quiere captarse la razón consiste en que, por el hecho de ser el Individuo, pretende colocarse por encima de lo general para engañarse con toda clase de quimeras sobre la manera cómo la novia olvidará bien pronto sus tormentos, etc. Por el contrario si la voluntad del cielo no ha sido anunciada al joven por un augur, si ella ha entrado en relación con él de una manera absolutamente privada y ha intervenido en su vida a título estrictamente personal, nosotros estamos entonces en presencia de la paradoja, sí además existe (porque mi examen es dilemático) y no puede hablar a pesar de sus deseos. Entonces, bien lejos de gozar de sí mismo en su silencio, por el contrario soportará un sufrimiento que, además, será garantía de lo bien fundado de su causa. Su silencio no tendrá, pues, por motivo la voluntad de entrar como Individuo en una relación absoluta con *lo general,* sino el hecho de haber entrado como Individuo en una relación absoluta con lo absoluto. De este modo podría hallar entonces allí, creo, el reposo, en tanto que su magnánimo silencio estaría siempre turbado por las exigencias de la ética. Sería bueno que la estética tratase alguna vez de comenzar por el punto al cual ha llegado durante tantos años, por esta ilusoria magnanimidad. Haciéndolo así, trabajará directamente para lo religioso; porque únicamente esta potencia es capaz de salvar a la estética en la lucha entablada contra la ética. La reina Elizabeth sacrificó su amor al Estado firmando la sentencia de muerte de Essex. Hubo allí una acción heroica, si bien se mezcló un poco de amor propio ofendido por la negligencia de Essex en enviar el anillo. Se sabe por otra parte que él lo había hecho, pero que el anillo fué retenido por una malvada dama de la corte. Elizabeth fue informada de ello, se dice, *ni fallor*; durante diez días tuvo entre sus dientes un dedo que mordía sin pronunciar una palabra, luego murió. Este rasgo sería un hermoso tema para un poeta capaz de hacer separar los dientes; en caso contrario conviene a lo sumo a un maestro de baile con el cual hoy en día el poeta se confunde muy a menudo.

Hagamos ahora un bosquejo en el sentido de lo demoníaco. Para esto, utilizaré el cuento de Inés y el tritón. El tritón es un seductor que surge del abismo donde tiene su guarida; en el furor de su deseo se apodera y desgarra la inocente flor que, en la plenitud de su gracia, se hallaba sobre la ribera, inclinándose, soñadora, hacia el murmullo de las olas. Tal ha sido hasta el presente el tema del poeta; pero modifiquemos los datos. El tritón ha sido un seductor; ha llamado a Inés; sus bellas palabras han hecho nacer en ella sentimientos jamás sentidos; ella ha hallado en él lo que buscaba, lo que su mirada inquiría al fondo de las olas, está pronta a seguirlo; el tritón la toma en sus brazos y ella se abraza a su cuello; llena de confianza se abandona con toda su alma al ser más fuerte; ya está él sobre la orilla y ya se inclina las olas para precipitarse en ellas con su presa... cuando Inés lo mira una vez más, sin duda, sin temor, sin el orgullo de su felicidad, sin la embriaguez del deseo, pero sí con una fe entera y con toda la humildad de la flor que ella refleja ser para él; con una confianza absoluta, coloca ella en sus manos todo su destino. Y ¡maravilla! El mar no ruge ya, su salvaje voz se apaga; esa naturaleza que constituye la fuerza del tritón le abandona repentinamente, una calma completa se expande por doquier; e Inés lo mira siempre con los mismos ojos. Y entonces el tritón se desploma; no puede resistir el poder de la inocencia; su elemento le es infiel, y no puede seducir a Inés. La devuelve a su mundo, le explica que quería únicamente mostrarle el esplendor del océano cuando está tranquilo e Inés le cree. Luego regresa solo, y el mar entonces se desencadena; pero la desesperación devasta más aún el pecho del tritón. Puede seducir a Inés, a cien Ineses, puede fascinar a cualquier joven... pero Inés ha vencido y está perdida para él. Ella sólo puede pertenecerle como presa; él no puede entregarse fielmente a ninguna joven, porque no es más que un tritón. Me he permitido un pequeño cambio en su lugar;[1] en el fondo, también he embellecido un poco a Inés, porque en el cuento ella no es tan inocente

---

[1] También se podría tratar este cuento de otra manera. El tritón no quiere seducir a Inés, aunque lo haga a modo de ensayo. No es un tritón, sino, si se quiere, un pobre diablo de tritón, desde mucho tiempo sumergido en la tristeza, allá en el fondo de sus dominios. Sin embargo sabe, según narra el cuento, que puede salvarse gracias al amor de una joven inocente. Pero él tiene una turbia conciencia de seductor y no puede aproximarse a ninguna. Lanza entonces su mirada sobre Inés. Ya a menudo, oculto entre los juncos, la ha visto correr sobre la ribera. Su belleza, la calma en la cual gusta jugar a solas, lo encadenan a ella; mas la melancolía reina en su alma, ningún deseo salvaje se agita en ella. Y cuando el tritón mezcla sus suspiros al murmullo del cañaveral, ella aguza el oído, queda inmóvil y luego se zambulle en el río, encantadora como ninguna y sin embargo bella cual un ángel redentor que

y además hay un *contrasentido*, zalamería y ofensa hacia el sexo femenino en imaginar una historia donde una joven no tiene nada, absolutamente nada que reprocharse. Para modernizar un poco mi vocabulario, la Inés del cuento es una mujer ávida de lo interesante; y una mujer como ella puede estar segura que el tritón no se encuentra muy lejos; porque los seductores la adivinan, por así decirlo, a ojos cerrados y se arrojan sobre ella como el tiburón sobre su presa. Es también una enorme tontería decir, o quizás sea un rumor lanzado por un tritón, que una sedicente cultura preserva a la joven del seductor. La vida es más justa en su igualdad para todos; el único recurso contra el seductor es la inocencia.

Concedamos ahora al tritón la conciencia humana, y entendamos por su condición de tritón una preexistencia humana a consecuencia de la cual su vida se ha visto obstaculizada. Nada impide que se convierta en un héroe, porque el paso que ahora efectúa lo redime. Es salvado por Inés, el seductor es vencido; se ha inclinado bajo el poder de la inocencia y ya no seducirá nunca más. Pero en el mismo instante dos potencias se lo disputan: el arrepentimiento, e Inés con el arrepentimiento. Si sólo el arrepentimiento se apodera de él, permanece oculto; pero si de él se adueñan Inés junto con el arrepentimiento entonces está manifiesto.

---

inspira confianza al tritón. Se arma de valor, se acerca a Inés, gana su amor, y espera salvarse. Pero Inés no era la joven tranquila; amaba mucho el ruido del mar; y si el murmullo melancólico de las olas le agradaba tanto, es porque encontraba un eco poderoso en su corazón. Ella quiere partir, partir de cualquier modo, desea precipitarse en lo infinito con el tritón a quien ama... y entonces lo excita. Menosprecia su humildad y así, despierta su orgullo. La mar ruge, el oleaje espumajea, el tritón estrecha a Inés y la sumerge en las profundidas. Jamás se ha sentido tan salvaje, tan lleno de deseo, porque de esta joven había esperado su salvación. Y muy pronto se cansa de Inés, de la cual, sin embargo, jamás hallóse el cadáver; porque ella se ha transformado en una sirena que seduce a los hombres con sus cantos.

Si ahora el tritón, presa del arrepentimiento, permanece disimulado, hace seguramente la desgracia de Inés porque ella lo ama con toda su inocencia; ella cree verdad que, cuando apareció cambiado a sus ojos a pesar de su cuidado de ocultar esta transformación, deseaba simplemente mostrarle la calma encantadora del mar. Pero el tritón se hace todavía más desgraciado, porque ha amado a Inés con una muchedumbre de pasiones, y debe cargar además con una nueva falta. Lo demoníaco del arrepentimiento interviene entonces para hacerle notar que ése es su castigo y que es tanto mas útil cuanto más lo martiriza.

Si él se abandona a eso demoníaco quizá trata una vez más de salvar a Inés como en cierto sentido se puede tratar de salvar a alguien por medio del mal. Se sabe amado por Inés. Si pudiese liberarla de ese amor, en cierto modo ella se habría salvado. Pero ¿cómo hacerlo? El tritón está demasiado prevenido para contar con el disgusto que inspiraría a Inés una franca confesión. Quizá se esforzará en agitar en ella todas las obscuras pasiones de su alma; se burlará de ella, la tomará a chacota, hará ridículo su amor y, si es posible, picará vivamente su orgullo. No se ahorrará ningún tormento, pues ésa es la profunda contradicción de lo demoníaco y, en cierto sentido, hay infinitamente más bien en un demoníaco que en los seres vulgares. Cuanto más egoísta sea Inés, tanto más fácil será engañarla (porque únicamente las personas de poca experiencia creen fácil engañar a la inocencia; la vida tiene infinitos recursos y el malvado no encuentra dificultad en sobornar a sus iguales). Pero los sufrimientos del tritón crecerán. Cuanta más habilidad ponga en engañarla, tanto menos pudor tendrá Inés en ocultarle sus tormentos; recurrirá a todos los medios y el resultado será no conmover al tritón, sino martirizarlo.

Gracias a lo demoníaco el tritón podrá ser el Individuo como tal, por encima de lo general. Igual que lo divino, lo demoníaco tiene la propiedad de hacer entrar al Individuo en una relación absoluta con ello. Esta es su analogía con la paradoja, su reverso que ofrece por consiguiente cierta semejanza capaz de producir una ilusión. El tritón tiene de este modo la prueba aparente de que su silencio está justificado, de que él siente todo su sufrimiento. Sin embargo, es indudable que puede hablar. Por lo tanto, puede convertirse en un héroe trágico y, según mi criterio, sublime, si rompe el silencio. Sin duda, hay pocos que comprenden en qué es sublime su conducta.[1] Tendrá por consiguiente el valor de abandonar toda ilusión sobre su capacidad de asegurar por sus artificios la felicidad de Inés; desde el punto de vista humano tendrá el valor de desgarrarle el corazón. Me contentaré aquí por otra parte con una simple nota psicológica. Cuanto más se haya puesto Inés de manifiesto a sí misma, tanto más deslumbradora será también su ilusión; e incluso es concebible que suceda en realidad que un tritón, humanamente hablando, por su ruindad demoníaca no solamente salve a Inés sino que aun concluya de esta situación algo

[1] A veces la estética trata un tema análogo con su habitual galantería. Inés salva al tritón y todo termina con un matrimonio feliz. ¡Un matrimonio feliz! Esto es muy fácil. Por el contrario, si la ética debe tomar la palabra en la bendición nupcial, la cuestión adquiere, me parece, otro aspecto. La estética arroja sobre el tritón el manto del amor, y todo queda olvidado. Aun admite sin más que el matrimonio es semejante a una pública subasta en la cual cada objeto es vendido a golpe de martillo en el estado en que se halla. Tiene únicamente el cuidado de arrojar a los amantes en brazos del otro sin preocuparse de lo restante. Ella debería ver lo que ocurre en seguida, pero no tiene tiempo para eso, porque ya se encuentra atareada en concluir una nueva unión. La estética es la más fiel de todas las ciencias. Quienquiera que la haya amado en verdad es en cierto sentido desgraciado; mas aquel a quien ella jamás ha atraído es y será un *pecus*.

extraordinario; porque un demonio posee la habilidad de suscitar fuerzas aun en el ser más débil, por los tormentos que impone; y puede tener a su manera las mejores intenciones con respecto a un ser humano.

El tritón se encuentra en una cima dialéctica. Dos vías posibles se ofrecen a él, si el arrepentimiento lo salva de lo demoníaco. Puede mantenerse en reserva y conservar el secreto, sin apoyarse, no obstante, en su discreción. Entonces no entra como Individuo en una relación absoluta con lo demoníaco, sino que encuentra el reposo en la contra-paradoja según la cual la divinidad salvará a Inés. (Es de esta manera cómo la Edad Media habría efectuado el movimiento pues, según su concepción, el tritón está manifiestamente destinado al claustro.) O bien puede ser salvado por Inés, en el sentido de que el amor de Inés lo preserve en adelante de volver a convertirse en un seductor (tentativa estética de salvación, que elude siepre lo esencial, la continuidad de la vida del tritón); en efecto, desde este punto de vista es salvado en la medida en que su vida, de disimulada, se hace manifiesta. Entonces desposa a Inés. Pero le es menester recurrir a la paradoja. Efectivamente cuando el Individuo ha salido por su falta de lo general, sólo puede retornar a ello entrando como Individuo en una relación absoluta con lo absoluto. Aquí quiero efectuar una acotación que se agregará a todo lo que antecede.[1] El pecado no es una primera inmediatez sino una inmediatez ulterior. En el pecado, el Indi-

---

[1] En lo que precede he separado cuidadosamente toda consideración relativa al problema del pecado y de su realidad. Toda la discusión se refiere a Abraham, a quien puedo todavía aproximar a categorías inmediatas en tanto que, bien entendido, me resulta inteligible. Sobrevenido el pecado, la moral cede al tropezar con el arrepentimiento, que es la más alta expresión de la ética, aunque también bajo ese título la más profunda contradicción moral.

viduo se encuentra ya, en el sentido de la paradoja demoníaca, por encima de lo general; porque hay por parte de lo general contradicción en exigir su propia realización de aquel a quien falta la *conditio sine qua non*. Si entre otras cosas la Filosofía pensase que el hombre podría obrar de acuerdo con sus enseñanzas, se deduciría de esto una singular comedia. Una moral ignorante del pecado es una ciencia perfectamente vana; pero en tanto lo admite, se encuentra por este hecho fuera de su esfera. La filosofía enseña que lo inmediato debe ser suprimido. Sin duda; pero no es exacto decir que el pecado, como la fe, es, sin mayor explicación, lo inmediato.

Mientras me muevo en estas esferas todo va sin dificultad; pero lo que estoy diciendo no explica a Abraham por qué él no se ha convertido en Individuo por el pecado, sino que por el contrario era el hombre justo, el elegido de Dios. La analogía con Abraham no aparecerá sino cuando el Individuo está en condiciones de cumplir lo general y entonces la paradoja se repite.

Puedo comprender, pues, los movimientos del tritón, en tanto que Abraham me resulta ininteligible; porque es justamente por la paradoja cómo el tritón llega a realizar todos los tormentos del arrepentimiento, se convierte entonces en un demonio y como tal queda aniquilado. Si conserva el secreto pero juzga imprudente trabajar por la liberación de Inés soportando el martirio en la esclavitud del arrepentimiento, halla la paz sin duda, pero está perdido para este mundo. Que se manifieste y permita ser salvado por Inés, entonces será el más grande hombre que imaginar puedo, porque la estética es la única en suponer, en su ligereza, que ella estima en su precio el poder del amor al otorgar a un hombre perdido el cariño de una inocente joven que de esta manera lo salva; únicamente la estética comete el error de llamar a Inés heroína cuando el epíteto debe aplicarse al tritón. Éste no puede pertenecer a Inés, a menos que luego de haber cumplido el movimiento infinito del arrepentimiento realice todavía otro: el movimiento en virtud de lo absurdo. Por su propio esfuerzo puede realizar lo primero, pero queda extenuado; por lo mismo, le es imposible retornar a su estado anterior y asir la realidad. Si no se tiene bastante pasión, si no se efectúa ni uno ni otro de estos movimientos, si se descuida la vida, arrepintiéndose solamente un poco, y creyendo que el resto caminará solo, entonces se ha renunciado de una vez para siempre a vivir en la idea; se puede llegar muy fácilmente al punto supremo y conducir a otros; es decir, engañarse y engañar a los otros en la ilusión de que el mundo del espíritu es como un juego de naipes o de dados, en los cuales es menester hacer trampas. Está permitido, pues, hallar agradable y singular que en una época donde cada cual es capaz de las más grandes acciones, se encuentre tan extendida la duda sobre la inmortalidad del alma; porque si sólo, pero realmente, se ha efectuado el movimiento de lo infinito, de ningún modo cabe la duda. Las conclusiones de la pasión son las únicas dignas de fe, las únicas pruebas. Felizmente la vida es mucho más caritativa y fiel que lo que dicen los sabios, porque no excluye a nadie ni aún al más humilde, y ella no engaña a ninguno porque en el mundo del espíritu es engañado únicamente quien se engaña así mismo. Según la opinión general, y también la mía si yo me permito juzgar, la sabiduría no consiste en entrar en el claustro, pero no pretendo con esto que hoy en que nadie va más lejos el primer llegado sea superior a las almas profundamente serias que encuentran allí el reposo. ¿Cuántos tienen hoy en día la pasión necesaria para meditar sobre este problema y juzgarse a sí mismos con toda sinceridad? La sola idea de tomar conciencia de la carga del tiempo, de darle tiempo para escrutar infatigablemente todo pensamiento secreto, de manera tal que si no se hace a cada instante el movimiento en virtud de aquello que hay de más sagrado en el hombre, puede descubrirse[1] con una horrible angustia, y si no de otra manera al menos por la angustia se puede suscitar el obscuro impulso que se oculta en toda vida humana, mientras que viviendo en la compañía de sus semejantes uno se escapa y olvida muy fácilmente todo eso, se mantiene a flote de muy diversas maneras y halla la oportunidad de recomenzar con mayor vigor; esta sola idea, concebida con el respeto conveniente, me parece capaz de disciplinar a mucho contemporáneo que cree haber llegado ya al más alto punto. Pero se cuida poco de tales consideraciones en nuestros días en los cuales se cree alcanzada la suprema sabiduría, aunque ninguna época ha caído tanto en lo cómico como ésta. ¿Por qué motivo todavía no ha engendrado por una *generatio æquivoca* su héroe, el demonio que representará inexorablemente el terrible drama de hacer reír a toda la época sin que ella note que se está riendo de sí misma? ¿No merece esta vida que uno se ría cuando a los veinte años ya se ha alcanzado la suprema sabiduría? Y sin embargo, ¿que más noble movimiento ha encontrado este tiempo cuando ha cesado de ir al claustro? ¿No es acaso una execrable concepción de la vida, una miserable sabiduría, una lamentable flaqueza que sin embargo lo rige todo, hacer creer bajamen-

---

[1] En nuestra grave época ya no se cree más en todo esto; pero es notable que en el paganismo naturalmente más ligero y menos saturado de reflexión los dos representantes propiamente dichos del γνῶϑτδαυτόν característico de la concepción griega de la vida, han mostrado cada uno a su manera que es necesario ante todo entrar en sí mismos para descubrir la disposición al mal. No es menester decir que aludo a Pitágoras y a Sócrates.

te a los hombres que ellos han cumplido la más grande tarea impidiéndole pérfidamente intentar otras más modestas? Cuando se ha realizado el movimiento del claustro ya no queda entonces más que uno, el del absurdo. ¿Cuántos en nuestros días comprenden qué es lo absurdo, cuántos viven habiendo renunciado a todo o habiéndolo obtenido todo, cuántos tienen la franqueza de reconocer lo que pueden y aquello de lo cual no son capaces? Y si se encuentra uno ¿no es sobre todo entre las gentes de baja cultura y en parte entre las mujeres? Un demoníaco se manifiesta siempre sin comprenderse; asimismo el tiempo revela su falta en una especie de *clarividencia*, pues exige siempre y sin cesar lo cómico. Si verdaderamente ése fuera su deseo, podría representarse una nueva obra en la cual se pusiese en ridículo a un personaje muerto de amor; pero ¿no sería de mayor provecho para la época que el suceso aconteciese entre nosotros, bajo nuestros ojos, para, por fin, tener el valor de creer en el poder del espíritu, la valentía de no sofocar cobardemente lo mejor de nuestro ser y de no ahogarlo por envidia en los otros con la risa? ¿Seria en verdad necesaria a nuestra época la risible aparición de un profeta para tener un motivo de risa? ¿No tendría más bien necesidad de que un exaltado semejante le recordase aquello que ha caído en el olvido?

Si se quieren datos para una pieza parecida que sería más emocionante sin la pasión del arrepentimiento, podría utilizarse el relato del libro de Tobías. El joven Tobías desea desposar a Sara, hija de Raquel y de Edna. Pero la joven vive en una triste fatalidad. Ella ha sido dada a siete esposos, todos los cuales han perecido en la cámara nupcial. Para mí, éste es el punto débil del relato, porque el efecto cómico es casi inevitable si se piensa en las siete vanas tentativas de matrimonio de una joven siete veces casi al borde del éxito; sería como el estudiante que ha estado a punto siete veces de aprobar un examen. Pero en el libro de Tobías el acento está puesto sobre otro punto; de allí el recurso al número elevado de siete tentativas con su aporte trágico; porque la nobleza del joven Tobías es tanto más grande cuanto por una parte es hijo único (6, 15) y por otra un motivo tan grande de temor se impone a él. Es menester por consiguiente apartar este dato. Sara es entonces una joven que jamás ha amado, aún conserva esa felicidad de la muchacha que en cierto modo es su precioso título de prioridad en la vida, su "Vollmachtbrief zum Glücke":[1] ella ama a un hombre con todo su corazón. Sin embargo es la más desgraciada de todas las jóvenes porque, ella lo sabe, el malvado demonio prendado de ella quiere matar a su novio la noche de bodas. He leído muchas historias tristes, pero dudo que haya habido en alguna parte una tristeza comparable a la de la vida de esta jovencita. Sin embargo si la desgracia viene de fuera puede hallarse algún consuelo. Cuando la vida no le otorga a alguien el objeto de su felicidad éste se consuela pensando que había podido recibirlo. ¡Pero la insondable tristeza que el tiempo jamás podrá disipar o curar, esa tristeza de saber que no hay auxilio aunque la vida lo colme de favores! Un autor griego oculta un mundo de pensamientos en estas palabras tan simples y tan ingenuas: πάντως γὰρ οὐδείς ἔροτα ἔφυγεν ἢ φεύζ εται, μεχρις ἄνκλλος ἢ καὶ ὀφθαλμοι βλεῆωσιν[2] *(Longi Pastoralia.* Prólogo, 4). Muchas jóvenes han sido desgraciadas en el amor, *pero llegaron a serlo;* Sara lo *fue* antes de llegar a serlo. Es muy duro no tener a quien poder entregarse; pero es *indeciblemente* duro no poder entregar-

---

[1] Carta de crédito a la felicidad.
[2] Pues nadie ha escapado ni escapará jamás al amor, en tanto exista belleza y ojos para ver.

se. Una joven se da y entonces se dice que ella ya no es más libre; pero Sara jamás fue libre, aunque ella jamás se dio. Es cruel para una joven ser engañada luego de haberse dado. Pero Sara fue engañada antes de haberse dado. ¡Qué mundo de tristezas no hay en perspectiva cuando Tobías quiere a todo trance desposarla a Sara! ¡Qué ceremonias! ¡Qué preparativos! Ninguna joven fue engañada como Sara; porque ella viose arrebatar la felicidad suprema, la absoluta riqueza que es dote aun de la más pobre, se vio privada del don de sí misma, al cual uno se abandona con una confianza inagotable, sin límites, desenfrenada; porque fue menester ante todo hacer subir el humo colocando el corazón y el hígado del pescado sobre carbones ardientes (Tobías, cap. 8). Y cuál no será la separación de la madre del lado de su hija cuando ésta, defraudada en todo, debe todavía como consecuencia privarla de su más bella esperanza. Léase el relato. Edna ha preparado la cámara nupcial; hacia allí conduce a Sara y llora y recoge las lágrimas de su hija. "¡Valor, hija mía!", le dice. "¡Qué el Señor del cielo y de la tierra trueque esta tristeza en alegría! ¡Valor, hija mía!" Y léase todavía el relato del instante del desposorio, si las lágrimas no nublan ya la vista: "Mas cuando los dos encontráronse solos, Tobías abandonó el lecho y dijo: "¡Levántate, hermana mía! y roguemos al Señor tenga piedad de nosotros" (8, 4).

Si un poeta leyese esta historia y se inspirase en ella, apuesto cien contra uno a que pondría todo el acento sobre el joven Tobías. Vería un hermoso tema en este heroísmo donde se arriesga la vida en un tan evidente peligro que la historia recuerda una vez más cuando a la mañana siguiente de la boda Raquel dice a Edna: "Envía una sierva para ver si está vivo, con el fin de que, si ha muerto, yo lo entierre; y nadie sepa nada" (8, 13). Me permito, sin embargo, proponer otra cosa. Para un caballero de corazón bien templado Tobías obra valerosamente y quien no tiene ese valor es un poltrón tan ignorante del amor como de su condición de hombre; no sabe qué vale la pena de ser vivido; tampoco ha comprendido el pequeño misterio de que es mejor dar que recibir; no tiene ninguna idea de la grandeza de este pensamiento: que es mucho más difícil recibir que dar, bien entendido, cuando se ha tenido el valor de aceptar la privación sin llegar a perder el coraje en el instante de la angustia. No; la heroína de este drama es Sara. Es a ella a quien quiero aproximarme como jamás me he acercado a una joven, o como jamás he tenido en mi espíritu la tentación de llegar a aquellas cuya historia he leído. Pues, ¡qué amor hacia Dios no es menester para querer dejarse curar cuando de tal modo se ha caído desde un principio en desgracia sin haber faltado, cuando se es desde el primer momento un ejemplar malogrado de la humanidad! ¡Qué madurez moral no es necesaria para asumir la responsabilidad de permitir al ser amado semejante esfuerzo! ¡Qué humildad frente al prójimo! ¡Qué fe en Dios para no odiar en el instante siguiente a aquel a quien debe todo!

Supongamos que Sara es un hombre; entonces tenemos lo demoníaco. Una altiva y noble naturaleza puede soportarlo todo excepto una cosa, la compasión. Ésta implica una ofensa que sólo un poder superior puede hacerle; porque por sí mismo jamás consentirá en ser objeto de ella. Si ha pecado sufrirá la pena sin desesperarse; pero lo que no soportará es estar reservado, desde el seno de su madre, y sin culpa, para ser convertido en la víctima ofrecida a la compasión; ¡dulce perfume para sus narices! La compasión tiene una dialéctica curiosa: el instante previo reclama por su falta, el instante siguiente ya no lo quiere más; es así cómo la situación del Individuo predestinado a la compasión se hace cada vez más terrible a medida que su infortunio se desarrolla en el sentido de lo espiritual. Pero Sara no es culpable; ella ha sido entregada a todos los sufrimientos, y todavía debe soportar los martirios de la compasión humana, pues incluso yo que la admiro más de lo que Tobías puede haberla amado, incluso yo no puedo dejar de pronunciar su nombre sin exclamar: ¡la desgraciada! Pones un hombre en lugar de Sara. Que sepa que, si ama, un espíritu infernal vendrá a matar a la amada en la noche de bodas; podría suceder que él elija lo demoníaco: se encerrará entonces en sí mismo y dirá a la manera de una naturaleza demoníaca que habla en el secreto: "Gracias, no me agradan las ceremonias ni las formas, no pido en modo alguno el placer del amor porque puedo convertirme en un BarbaAzul y encontrar mi gozo viendo morir las jóvenes en la noche de bodas". En general, nunca se oye hablar de lo demoníaco aunque, sobre todo en nuestros días, este dominio tiene buen derecho a que se lo explore y aunque el observador puede utilizar a cualquiera, por instantes al menos, sí sabe sostener alguna relación con lo demoníaco. Shakespeare es y será a este respecto un héroe. Es demonio cruel esta figura, la más demoníaca que con incomparable maestría haya representado, ese Gloster (más tarde Ricardo III) ¿qué es lo que ha hecho de este personaje un demonio? Manifiestamente su rehusar la compasión a la cual había sido destinado desde su infancia. Su monólogo del primer acto de *Ricardo III* tiene más valor que todos los sistemas de moral sin una sospecha de los temores de la vida o de su explicación:

I, that am rudely stamp'd and want love's majesty;
To strut before a wanton ambling nymph;
I, that am curtail'd of this fair proportion,

Cheated of feature by disembling nature,
Deformed, unfinish'd sent before my time
Into this breathing world, scarce made up,
And that so lamely and unfashionable,
That dogs bark at me, as I halt by them.

No pueden salvarse naturalezas como esta de Gloster haciéndoles pasar por mediación a la idea de sociedad. La ética se burla verdaderamente de estos hombres como lo haría con Sara si le dijese: "¿Por qué no te casas y expresas lo general?" Estas naturalezas tienen sus raíces en la paradoja, de ninguna manera son más imperfectas que las otras, excepto que están, o bien perdidas en la paradoja demoníaca, o bien salvadas en la paradoja divina. Siempre se ha querido ver monstruos en los brujos, duendes, etc., y es innegable que a la vista de un monstruo nos vemos conducidos a referir a una depravación moral la impresión que nos produce. ¡Qué cruel injusticia! Mejor sería acusar a la vida de haber ella misma depravado a sus seres como una madrastra desnaturaliza a los hijos. El hecho de estar originalmente, por naturaleza o como consecuencia de la historia, colocado fuera de lo general, constituye el principio de lo demoníaco, y el Individuo no es responsable. El judío de Cumberland es igualmente un demonio, aunque haga el bien. Lo demoníaco puede todavía manifestarse por el desprecio de los hombres y, cosa curiosa, este desprecio no lleva al sujeto demoníaco a comportarse de una manera repudiable, porque, por el contrario, saca su fortaleza de saber que es mejor que todos sus jueces. En estos temas los poetas deberían dar la alarma sin tardanza. ¡Dios sabe cuáles son las lecturas de esos jóvenes poetastros de hoy! Sus estudios consisten en gran parte en aprender las rimas de memoria. En este momento ignoro si producen otro servicio que administrar la prueba edificante de la inmortalidad del alma; porque a este respecto sobre ellos puede pronunciarse como consuelo las palabras de Baggesen sobre el poeta Kildevalle: "Si llega a ser inmortal, entonces todos lo seremos". Lo que he dicho con respecto a Sara, sobre todo refiriéndolo a la producción poética y ordenándolo bajo la imaginación, toma todo su sentido si, guiado por el interés psicológico, se profundiza la vieja sentencia: *"Nullum unquam existit magnum ingenium sine aliqua dementia".* Esta locura es el sufrimiento del genio en la vida; traduce por así decir los celos divinos, en tanto que lo genial expresa su predilección. De este modo el genio está desde el principio desorientado frente a lo general, y puesto en presencia de la paradoja, sea que en la desesperación de su limitación que cambia a sus ojos su omnipotencia en impotencia busca el apaciguamiento divino y por consiguiente no quiere confesarlo ni a Dios ni a los hombres, sea que halla una paz religiosa en el amor que consagra a la divinidad. Hay allí, me parece, problemas psicológicos a los cuales podría consagrarse toda una vida con alegría; sin embargo, es raro que se le dedique una palabra. ¿Cuál es la relación de la locura y de la genialidad? Se puede deducir una de la otra; ¿en qué sentido y en qué medida el genio es dueño de su locura?; pues es evidente que él la gobierna hasta cierto punto, ya que de otro modo sería verdaderamente un loco. Pero estas observaciones demandan mucha finura, y amor, porque es muy difícil observar a quien es superior a uno. Si uno dirigiese su atención en ese sentido cuando lee ciertos autores entre los más representativos del genio, quizás le sería posible, rara vez y con mucho trabajo, obtener un poco de luz.

Aún examinaré el caso de un Individuo que quiere salvar lo general por su misterio y su silencio. Para esto utilizaré la historia de *Fausto*. Él es un dudador,[1] un apóstata del espíritu: sigue la voz de la carne. Así piensan los poetas; y mientras van repitiendo que cada época tiene su Fausto, se renuevan incansablemente sobre el mismo trillado sendero. Hagamos un pequeño cambio. Fausto es un dudador $\kappa\alpha\tau$ $\dot{\epsilon}\zeta o\chi\dot{\eta}\nu$,[2] pero es una naturaleza simpática. Incluso la concepción goetheiana de Fausto carece a mis ojos de un pun-

[1] Si no se quiere recurrir a un dudador podría elegirse algún personaje análogo, por ejemplo, un ironista cuya mirada aguda ha horadado el ridículo de la vida y a quien una secreta inteligencia con la vida enseña cuáles son los deseos del paciente. Sabe que dispone del poder de reír; si recurre a ello, entonces está seguro de la victoria y, lo que es más, del aplauso. Sabe que se levantará una voz aislada que querrá contenerlo todo, pero se sabe el más fuerte, sabe que aun por un momento puede hacer guardar la seriedad a la gente masculina, pero sabe también que ellos esperan en secreto el instante de reír con él; sabe que todavía por un instante puede permitir a la mujer ocultar sus ojos tras el abanico mientras él habla, pero sabe que ella ríe bajo esa máscara; que el abanico no es totalmente opaco; que puede escribirse sobre él con invisible escritura; que si una mujer le da un golpe de abanico es porque le ha comprendido; sabe sin ningún lugar a dudas cómo la risa se insinúa en el hombre y como allí se oculta; cómo, una vez instalada, permanece al acecho. Imaginemos a este Aristófanes, a este Voltaire ligeramente modificado; porque al mismo tiempo es una naturaleza simpática, gusta de la vida, de los hombres; y sabe que si la reprobación de la risa puede salvar quizá una nueva generación, también puede ocasionar la pérdida de una muchedumbre de contemporáneos. Por consiguiente guarda el silencio y en la medida de lo posible él mismo se olvida de reír. Pero ¿debe callarse? Quizás hay muchos que no comprenden del todo la dificultad a la cual me refiero. Ellos estiman digna de admiración la nobleza de su silencio. No es ésa mi opinión; yo creo que cualquier naturaleza de este género, si no tiene la magnanimidad de guardar el silencio, es un traidor hacia la vida. Por lo tanto también reclamo el noble coraje de ese hombre; mas cuando lo posee debe callarse. La moral es una ciencia peligrosa y podría suceder que Aristófanes, colocándose en el estricto punto de vista de la moral, hubiese resuelto dejar a la risa juzgar los errores del tiempo. La magnanimidad de la estética no sirve de ninguna ayuda; porque estas cosas no se arriesgan por este valor. Si se debe guardar el silencio, es necesario que se esté en la paradoja... Una idea aún: un hombre conoce el secreto que explica tristemente la vida del héroe; sin embargo toda una generación se confía totalmente en éste héroe sin suponer su miseria.

[2] Por excelencia.

to de vista psicológico profundo en las secretas conversaciones de la duda consigo misma. En nuestros días, en los cuales la duda ha sido vivida por todos, los poetas no han dado todavía un paso en esta dirección. Yo les ofrecería gustosamente a guisa de papel las obligaciones de la Corona para poner por escrito la inmensa experiencia que tienen en la materia; pero ellos no llenarían sino apenas la margencita de la izquierda.

Así es menester restablecer a Fausto en sí mismo porque la duda se presenta en una manera digna de la poesía y le hace descubrir aún en la realidad todos los sufrimientos que comporta. Sabe entonces que el espíritu conduce al mundo, pero también que la alegría en la cual viven los hombres no reposa sobre el poder del espíritu, sin embargo, sino que se explican simplemente como una beatitud exenta de reflexión. Como dudador, como el dudador, está por encima de todo eso, y si se piensa engañarlo haciéndole creer que ha recorrido todo el camino de la duda no tiene ningún trabajo en descubrir la artimaña porque cuando se hace un movimiento en el mundo del espíritu, es decir un movimiento infinito, sobre el tapete se puede reconocer según la réplica si sale de la boca de un hombre experimentado o de la de un Münchhausen. Seguro de su duda, Fausto se siente capaz de las proezas de un Tamerlán con sus hunos; sabe que puede hacer gritar de espanto a los hombres, hacer vacilar el mundo a sus pies, desavenirlos y por todas partes hacer estallar gritos de angustia. Y si llega a eso no es sin embargo un Tamerlán, porque está autorizado por el pensamiento. Pero Fausto es una naturaleza simpática, ama al mundo, su alma no conoce la envidia, ve que no puede detener el furor que es capaz de desencadenar, no busca ningún honor erostrático; y se calla; oculta la duda en su alma con más cuidado que la joven que esconde en su seno el fruto de su amor culpable; trata de caminar en lo posible al mismo paso que los otros; pero lo que experimenta, lo consume en sí mismo, y así se entrega al sacrificio por lo general. A veces se oye a las gentes lamentarse viendo a un excéntrico provocar el torbellino de la duda: "¡Si al menos no hubiera dicho nada!", se exclama. Cuando se sabe lo que significa vivir del espíritu se sabe también qué es el hambre devoradora de la duda y cómo también el incrédulo está tan hambriento del pan cotidiano de la vida como del alimento del espíritu. Por mucho que el sufrimiento de Fausto sea un excelente argumento para mostrar que no estaba poseído por el orgullo hubiera recurrido yo sin embargo a una pequeña precaución fácil de descubrir. Se llama a Gregorio de Rímini *tortor infantium* porque admitía la condenación de los niños recién nacidos; por lo mismo podría estar tentado de intitularme *tortor heroum* porque soy muy hábil en poner a los héroes en la tortura. Fausto quiere a Margarita, no después de haber optado por el placer, porque mi Fausto no lo elije en modo alguno; él la quiere, no en el hueco espejo de Mefistófeles sino en toda su amorosa inocencia, y como guarda en su alma el amor a la humanidad puede prendarse perfectamente de la joven. Pero es dudador y su duda le ha destruido la realidad porque mi Fausto pertenece de tal modo a la idea que no es como aquellos sabios incrédulos que dudan una hora por semestre en sus cátedras y en lo restante pueden hacer cualquier otra cosa y hacerla con o sin el recurso del espíritu. Es incrédulo, y el incrédulo no está menos hambriento del plan cotidiano de la alegría que del alimento del espíritu. Sin embargo permanece fiel a su resolución y se calla; no habla a nadie de su duda, y menos aún a Margarita, de su amor.

Resulta claro que Fausto es una figura demasiado ideal para contentarse con esa tontería de que, si hablase, sólo ocasionaría una discusión banal o que el asunto no tendría consecuencias, o cualquier otra simpleza. (Aquí cualquier poeta verá lo cómico latente de este tema en el cual Fausto es comparado irónicamente a esos fatuos de baja estofa que, corriendo en nuestra época tras la duda, muestran de manera absolutamente exterior que en verdad han dudado, exhibiendo por ejemplo el testimonio de un doctor o jurando que han dudado de todo, o dando como prueba un encuentro con algún dudador en el curso de un viaje; tema en el cual es asemejado a esos veloces mensajes que recorren a toda prisa el mundo del espíritu, con toda rapidez descubren en unos una sospecha de duda, en otros una sospecha de fe, y que obran de la mejor manera posible según que el auditorio exija arena fina o gruesa.) Fausto es una figura demasiado ideal para arrastrar zuecos. Sin una pasión infinita no se pertenece a la idea y cuando se tiene una, se ha salvado desde mucho antes el alma de estas chocheces. Uno se calla para sacrificarse, o habla sabiendo que producirá una confusión general.

Si él guarda silencio, la moral lo condena; en efecto ella dice: "Tú debes confesar lo general, y lo haces hablando; tú no debes sentir compasión por él". No debería perderse de vista esta frase cuando se juzga severamente a un dudador porque habla. Yo no me siento inclinado a la indulgencia ante una conducta semejante, pero aquí como en todas partes interesa que los movimientos se efectúen normalmente. En el peor de los casos y pese a toda la desgracia que puede caer sobre el mundo hablando, un incrédulo es, sin embargo, preferible con mucho a esas astutas bocas miserables que aprueban todo e intentan aclarar la duda sin conocerla y por consiguiente son, en general, la primera ocasión que la hace surgir en un salvaje e irresistible impulso. Si habla, siembra la confusión; porque si luego no sucede ello, sólo se entera después; y el resultado no es por otra parte de ninguna ayuda, ni en el momento de obrar, ni con respecto a la responsabilidad.

Si afronta la responsabilidad de callarse, en este caso puede obrar noblemente, pero entonces agrega a lo restante de su dolor un ligero matiz de ansiedad, por que lo general lo atormentará sin cesar y le dirá: "Tú hubieras debido hablar; ¿dónde hallarás la seguridad de que tu resolución no ha sido dictada por un orgullo oculto?"

Por el contrario si el dudador es capaz de convertirse en el Individuo que como tal entra en una relación absoluta con lo absoluto, puede estar autorizado para callarse. En este caso debe considerar su duda como una falta. Él se encuentra en la paradoja, pero su duda está superada; aunque también puede presentársele otra.

Aun el Nuevo Testamento aprobaría un silencio semejante. Incluso se hallan en él pasajes que preconizan la ironía, salvo que se la emplee para ocultar una cosa mejor. Sin embargo, este movimiento de la ironía está fundado tan bien como cualquier otro en la superioridad de la subjetividad sobre la realidad. De eso no se quiere saber nada hoy; sobre todo, se rehúsa a aprender sobre la ironía más de lo que Hegel ha dicho a su respecto; sin embargo él no comprendía nada de ella y le tenía rencor, lo cual nuestro tiempo tiene buenas razones para imitar, porque lo que ha de hacer es guardarse de ella. En el sermón de la montaña se lee: "Cuando ayunes unge tu cabeza y lava tu rostro para que nadie se entere de que ayunas". Este pasaje señala nítidamente que la subjetividad es inconmensurable con la realidad, a la cual le es lícito incluso engañar. Si las personas que en nuestros días van soltando palabras en el aire respecto de la idea de comunidad se tomasen solamente el trabajo de leer el Nuevo Testamento, quizás pensarían de otra manera.

Y ahora: ¿cuál fue la conducta de Abraham? Porque yo no he olvidado, y se tendrá la bondad de recordar que si me he dejado llevar por todas las consideraciones precedentes ha sido para volver a Abraham: eso no permitirá comprender mejor a Abraham, sino hacer girar en todos sus sentidos la imposibilidad de comprenderlo; porque, lo repito, él me es ininteligible y no puedo sino admirarlo. También se ha señalado que en los estadios analizados no se encuentra ninguna analogía con Abraham; he desarrollado estos ejemplos simplemente para que, siempre desenvolviéndose en sus propias esferas, pudiesen en el instante debido indicar de alguna manera las fronteras del país desconocido. Si pudiese tratarse de una analogía, sería con respecto a la paradoja del pecado; pero a su vez esta paradoja pertenece a otra esfera; mucho más fácil de ser explicada que Abraham, no puede explicarla.

Abraham ha guardado, pues, silencio; no ha hablado ni a Sara ni a Eliezer ni a Isaac; ha menospreciado las tres instancias morales, pues la ética no tenía para él más alta expresión que la vida en familia.

La estética autorizaba e incluso exigía del Individuo el silencio cuando, callándose, podía salvar a alguien. Esto demuestra ya en demasía que Abraham no está en el dominio estético. Él de ningún modo guarda el silencio para salvar a Isaac y, por otra parte, toda su tarea, que consiste en sacrificarlo por Dios y por sí mismo, es un escándalo para lo estético; pues puede muy bien admitir que yo me sacrifique, pero no que sacrifique a otro por mi. El héroe estético guardaba el silencio. Con todo, la ética lo ha condenado porque calló en virtud de su carácter accidental de Individuo. Su previsión humana es la que lo ha determinado al silencio: he ahí lo que la ética no puede perdonar, porque todo saber humano de este género sólo es ilusión; la ética exige un movimiento infinito, requiere la manifestación. Por lo tanto, el héroe estético puede hablar, pero se niega a ello.

El verdadero héroe trágico se sacrifica a lo general con todo lo que es suyo: sus actos, todos sus impulsos pertenecen a lo general; él está manifiesto y, en esta manifestación, es el hijo bienamado de la ética. Su situación no se aplica a Abraham quien no hace nada por lo general, y permanece oculto.

Estamos entonces en presencia de la paradoja. O bien el Individuo puede como tal estar en una relación absoluta con lo absoluto, y en este caso lo moral no es lo supremo, o bien Abraham está perdido; no es un héroe, ni trágico ni estético.

En estas condiciones puede parecer todavía que nada hay más fácil que la paradoja. Me será necesario entonces repetir que si se cree esto firmemente no se es un caballero de la fe, porque la única legitimación concebible es la angustia la miseria; aunque no puede dársele una acepción general, pues de este modo se suprime la paradoja.

Abraham calla... pero él *no puede* hablar; en esta imposibilidad residen la angustia y la miseria. Porque si, hablando, no puedo hacerme comprender, yo no hablo, aunque perore noche y día sin interrupción. Ése el caso de Abraham; él puede decirlo todo, excepto una cosa; y cuando no puede decirla en forma tal que se haga comprender, no habla. La palabra que permite traducirme a lo general es un apaciguamiento para mí. Abraham puede decir las cosas más hermosas de que una lengua sea capaz sobre su amor por Isaac. Pero tiene otra cosa en su corazón; ese algo más profundo, que es la voluntad de sacrificar a su hijo porque se trata de una prueba. No pudiendo nadie comprender este último punto, todos únicamente pueden equivocarse con respecto al primero. El héroe trágico ignora esta miseria. Ante todo tiene el consuelo de dar satisfacción a cada contra-argumento… de poder ofrecer a Clitemnestra, a Ifigenia, a Aquiles, al coro, a todo ser viviente, a cualquier voz surgida del corazón de la humanidad, a cualquier pensamiento capcioso o angustioso, acusador o compasivo, la ocasión de erguirse contra él. Está seguro que todo lo que puede decirse en su contra ha sido formulado sin consideración ni piedad… y hay un consuelo en luchar contra el mundo entero; un terrible espanto en luchar contra sí mismo; no teme haber omitido algún argumento ni deber gritar inmediatamente, como el rey Eduardo IV al conocer el crimen de Clarence:

Who sued to me for him? Who, in my wrath,
Kneel'd my feet, and bade me be advis'd?
Who spoke of brotherhood? Who spoke of love?

El héroe trágico no conoce la terrible responsabilidad de la soledad. Aun más, tiene el consuelo de poder lamentarse y llorar con Clitemnestra e Ifigenia y las lágrimas y los gritos apaciguan; pero los suspiros inefables son un martirio.

Agamenón puede recoger rápidamente su alma en la certeza de que quiere obrar, todavía tiene tiempo de consolar y de reconfortar. Abraham no lo puede. Cuando su corazón está emocionado, cuando sus palabras quisieran aportar un consuelo bienhechor al mundo entero, no osa consolar, porque Sara, Eliezer e Isaac le dirían: "¿Por qué quieres hacer eso? ¡Tú puedes dispensarte de realizarlo!" Y si en su miseria quisiera tomar un poco de aliento, abrazar a los seres queridos antes de dar el último paso, correría el riesgo de provocar la terrible acusación de hipocresía por parte de Sara, Eliezer e Isaac, escandalizados por su conducta. Él no puede hablar. No habla ninguna lengua humana. Aun cuando supiese todas las lenguas de la tierra, incluso si los seres queridos pudiesen comprenderle, no podría hablar. Él habla un lenguaje divino, *habla las lenguas*.

Puedo comprender muy bien esa aflicción, puedo admirar a Abraham, no temo que se tenga con ese relato la tentación de querer ser a la ligera del Individuo, pero confieso también que no poseo ese valor y que con placer renuncio a cualquier oportunidad de ir más lejos, si acaso fuese posible que yo llegara, aún demasiado tarde. Abraham puede romper en cualquier momento, arrepentirse de todo como en una crisis; entonces puede hablar, ser comprendido por todos... pero ya no es Abraham.

Él no *puede* hablar pues no puede dar la explicación definitiva (de suerte que sea inteligible) según la cual se trata de una prueba; pero, cosa notable, una prueba en la cual lo moral constituye la tentación. El hombre en situación semejante es un emigrado de la esfera de lo general. Menos aun puede decir lo que sigue. En efecto hace dos movimientos, como ya se ha mostrado suficientemente: el de la resignación infinita, en la cual renuncia a Isaac, cosa que nadie puede comprender porque es un asunto privado; pero además cumple en todo momento el movimiento de la fe, y allí tiene su consuelo. Dice en efecto: "No, eso no sucederá y si sucede el Eterno me dará un nuevo Isaac en virtud de lo absurdo". El héroe trágico, al menos, ve el final de la historia. Ifigenia se inclina bajo la decisión de su padre, cumple el movimiento infinito de la resignación y padre e hija quedan de perfecto acuerdo. Ella puede comprender a Agamenón, cuya conducta expresa lo general. Pero si Agamenón le dijese: "Aunque Dios te reclama en sacrificio, sería posible en virtud de lo absurdo que no lo exigiese", entonces se haría ininteligible para Ifigenia.

Si pudiese decirlo en virtud de cálculos humanos, Ifigenia le comprendería; pero resultaría de ello que Agamenón no habría hecho el movimiento de la resignación infinita, en cuyo caso no es un héroe y la predicción del augur resulta una novela de marinos y toda la historia un sainete.

Por consiguiente Abraham no ha hablado. Una sola palabra de él ha sido conservada, su única respuesta a Isaac; la cual también prueba suficientemente que no había dicho nada anteriormente. Isaac pregunta a su padre dónde está el cordero para el sacrificio. Abraham respondió: "Hijo mío, Dios se proveerá a sí propio del cordero para el holocausto". Me es necesario examinar un poco más de cerca esta última frase. Sin ella habría faltado algo al relato; si hubiese sido diferente quizá todo se hubiese resuelto en la confusión.

Me he preguntado a menudo en qué medida un héroe trágico, en la cumbre del sufrimiento o en el máximo de la acción, debe pronunciar una última réplica. La respuesta, me parece, depende de la esfera vital a la cual pertenece, del grado de importancia intelectual de su vida, de la relación que su sufrimiento o su acción tienen con el espíritu.

Es evidente que en el instante de suprema tensión el héroe trágico puede, como cualquiera que tiene el uso de la palabra, decir algo, y quizás a propósito; pero se trata de saber en qué medida le es adecuado pronunciarlo. Si la importancia de la vida reside en un acto externo no tiene nada que decir, y todo lo que diga no es sino vana charla, por lo cual únicamente debilita la impresión que da de sí mismo, cuando el ceremonial trágico le ordena cumplir su tarea en silencio, consista ella en una acción o en un sufrimiento. Para no extenderme más, me contentaré con tomar lo que se presenta. Si Agamenón mismo hubiese levantado el cuchillo sobre Ifigenia en lugar de Calchas se habría rebajado al pronunciar algunas palabras en el instante supremo, porque el sentido de su acción era notorio a todos; el proceso de la piedad, de la compasión, del sentimiento, de las lágrimas, estaba cumplido y por lo demás su vida no mantenía ninguna relación con el espíritu; quiero decir que no era un dueño o un testigo del espíritu. Por el contrario, si la significación de la vida del héroe es de orden espiritual, la falta de una réplica debilitaría la impresión que produce. No tiene necesidad de declamar algunas palabras de circunstancias, una pequeña tirada; la importancia de su réplica surge del hecho que realiza toda su personalidad en el instante decisivo. Este héroe trágico intelectual debe tener y guardar la última palabra, que, por otra parte es buscada muy a menudo de manera cómica. Se exige de él la misma actitud trasfigurada que incumbe adoptar a todo héroe trágico, pero además se le exige una frase. Si, por consiguiente, este héroe trágico intelectual llega al punto culminante de un sufrimiento (en la muerte) se convierte entonces con esta última frase en inmortal antes de morir, mientras que, al contrario, el héroe trágico ordinario no llega a serlo sino después de su muerte.

Tomemos a Sócrates como ejemplo. Él es un héroe trágico intelectual. Su condena a muerte le es anunciada. En ese instante muere; porque si no se comprende que necesita de toda la fuerza del espíritu para morir y que el héroe trágico siempre muere antes de morir, no se irá manifiestamente lejos en la concepción de vida. El reposo en sí es requerido de Sócrates como héroe; pero como héroe trágico intelectual es todavía exigido de él que en ese último instante tenga la fuerza del alma de cumplirse por sí mismo. Por lo tanto no puede, como héroe trágico ordinario, recogerse permaneciendo frente a la muerte, sino que debe efectuar ese movimiento con tanta rapidez que en el mismo instante se halle con su conciencia más allá de esa lucha y se afirme a sí mismo. Si Sócrates se hubiese callado en esta crisis de la muerte habría atenuado el efecto de su vida; habría hecho suponer que la elasticidad de la ironía no era en él una fuerza del universo sino un juego a cuya flexibilidad le era menester recurrir en el instante decisivo en medida inversa para mantenerse patéticamente a su propia altura.[1]

Estas breves palabras bien pueden no aplicarse a Abraham si por cualquier analogía piensa hallarse un término final que le convenga, pero se aplican a él si se comprende la necesidad en la cual se encuentra de cumplirse en el instante postrero, de no sacar el cuchillo en silencio, sino de pronunciar una palabra, puesto que en su calidad de padre de la fe él reviste una importancia absoluta en el orden del espíritu. De lo que debe decir no puedo darme anticipadamente una idea; una vez que haya hablado entonces podré sin duda comprender sus palabras y en cierto sentido a Abraham en sus palabras, sin por esto acercarme a él más que anteriormente. Si no existiese una última réplica de Sócrates podría por el pensamiento colocarme en su lugar y

---

[1] ¿Qué réplica de Sócrates es necesario considerar como decisiva? Las opiniones pueden ser divididas porque la poesía de Platón ha elevado de muchas maneras a Sócrates por encima de nosotros. Yo propongo la siguiente: la condena a muerte le era anunciada; en el mismo instante muere y en ese mismo instante triunfa de la muerte y se realiza él mismo en la famosa declaración de que *se maravillaba de haber sido condenado a muerte por una mayoría de tres voces*. Ningún propósito frívolo de la plaza pública, ninguna miserable observación de un *idiota* hubiera podido ser de su parte objeto de una burla más irónica que esta condena a muerte.

formularla; y siendo yo incapaz, un poeta podría; pero a Abraham ningún poeta puede acercarse.

Antes de examinar la última palabra de Abraham me es menester acentuar la dificultad en la cual se halla de poder decir alguna cosa. La miseria y la angustia de la paradoja residen, ya se ha mostrado, en el silencio; Abraham no puede hablar.[1] Hay pues contradicción en exigirle que lo haga, a menos de desembarazarlo de la paradoja de modo que él la suspenda en el instante postrero, con lo cual cesa de ser Abraham y anula todo lo que precede. Si por ejemplo dijese a Isaac en el momento decisivo: "Es de ti de quien se trata", la frase no sería sino una debilidad. Porque si, de una u otra manera, puede hablar, habría debido hacerlo desde mucho tiempo antes y ahora esta debilidad consiste en una falta de madurez y de recogimiento espirituales que le impide pensar de antemano todo su dolor; se substrae a algo, de suerte que el dolor real resulta más grande que el dolor pensado. En otros términos, una frase tal lo coloca fuera de la paradoja y si desea en realidad hablarle a Isaac le es menester cambiar su estado en crisis; sino no puede decir nada, y si lo hace ni siquiera es un héroe trágico.

Con todo, se ha conservado una última palabra de Abraham; y en tanto puedo comprender la paradoja, también puedo comprender la entera presencia de Abraham en ese término. Ante todo no profiere absolutamente nada, de este modo expresa lo que tiene que decir. Su respuesta a Isaac reviste la forma de la ironía, porque siempre es irónico decir algo sin decir, no obstante, nada. Isaac interroga a su padre suponiendo

---

[1] Si pudiera ser cuestión de alguna analogía, ésta habría que buscarla en la situación en la cual Pitágoras halló la muerte porque debía cumplir hasta el último instante el silencio que había observado siempre. Por eso él exclama: "Vale más ser muerto que hablar". Cf. Diógenes, libro VIII, § 3.

que sabe. Si Abraham hubiese respondído: "Yo no sé nada", hubiese dicho una mentira. Él no puede decir nada, porque no puede expresar lo que sabe. Por consiguiente responde: "Hijo mío, Dios se proveerá a sí propio del cordero para el holocausto". Allí se ve el doble movimiento que se opera en el alma de Abraham tal como se ha mostrado. Si simplemente hubiese renunciado a Isaac sin hacer nada más, habría dicho una mentira, porque sabe que Dios exige a Isaac en sacrificio y que él mismo se encuentra en ese momento dispuesto a sacrificarlo. A cada instante, luego de haber efectuado este movimiento, ha hecho el siguiente, el movimiento de la fe en virtud de lo absurdo. En esta medida, no miente, porque en virtud de lo absurdo es posible que Dios haga cualquier otra cosa. No profiere, pues, ninguna mentira, pero tampoco dice nada, porque habla una lengua extraña. Esto se hace todavía más evidente si meditamos que es Abraham mismo quien debe sacrificar a Isaac. Si la misión hubiese sido diferente, si Dios hubiera condenado a Abraham a conducir a su hijo hasta los montes de Morija para allí abatirlo él mismo con su cólera y tomarlo así en sacrificio, entonces Abraham habría tenido absoluta razón en recurrir al lenguaje enigmático que utiliza, porque en este caso no puede saber lo que acontecerá. Pero Abraham debe obrar por sí mismo en las condiciones en las cuales su misión le ha sido confiada; tiene, pues, que saber en el momento decisivo lo que debe hacer y que, por consiguiente, Isaac debe ser sacrificado. Si no lo sabe con exactitud no ha hecho el movimiento infinito de la resignación y, sin duda, no dice una mentira, pero está muy lejos de ser Abraham; ni siquiera es un héroe trágico, sino un indeciso incapaz de tomar una resolución y que por consiguiente hablará siempre en forma enigmática. Pero un hombre que titubea así es una verdadera caricatura del caballero de la fe.

Se ve todavía aquí que puede comprenderse a Abraham, mas únicamente como puede comprenderse la paradoja. Bien puedo por mi parte comprender a Abraham, pero al mismo tiempo veo que no tengo el valor de hablar y menos aun de obrar como él; con todo, de ningún modo afirmo con eso que su conducta sea mediocre cuando por el contrario es el prodigio único.

¿Y qué pensaron los contemporáneos del héroe trágico? Que era grande; entonces fue admirado. Y ese venerable colegio de nobles espíritus, ese jurado que cada generación instituye para juzgar la precedente, también se ha pronunciado del mismo modo. Pero no hubo nadie que comprendiese a Abraham. ¿A qué llegó él, sin embargo? A permanecer fiel a su amor. Pero quien ama a Dios no tiene necesidad de lágrimas ni de admiración; olvida el sufrimiento en el amor y tan completamente que no subsistiría tras él la menor huella de su dolor si Dios mismo no se la recordase; porque vive en el secreto, conoce la miseria, cuenta las lágrimas y no olvida nada.

Por consiguiente, o bien hay una paradoja tal que el Individuo se encuentra como Individuo en una relación absoluta con lo absoluto, o bien Abraham está perdido.

Epílogo

Habiendo un día bajado demasiado el precio de las especias en Holanda, los mercaderes hicieron arrojar algunos cargamentos al mar con el fin de elevarlo de nuevo. Había allí un engaño perdonable y hasta quizá necesario. ¿Tenemos necesidad de una treta semejante en el mundo del espíritu? ¿Tan seguros estamos de haber llegado a tanta altura que sólo nos resta suponer piadosamente no estar en ese punto con el fin de tener con qué llenar el tiempo? ¿De esta manera es como la presente generación tiene necesidad de engañarse a sí misma? ¿Es ésa la virtud que interesaba atribuirse? ¿O quizás no ha llevado a una perfección suficiente el arte de mentirse a sí misma? ¿O aquello de que ha menester no es sobre todo una seriedad integra que, sin dejarse asustar o corromper, indique las tareas a cumplir, una seriedad íntegra que vele con amor por estas obras, que no incite a los hombres, asustándolos, a querer lanzarse hacia lo más alto sino por el contrario, conservar las tareas a cumplir frescas, bellas, agradables a la vista, atrayentes a todos, y sin embargo, difíciles y apropiadas para provocar el entusiasmo de las naturalezas nobles, porque una naturaleza noble no se entusiasma sino por lo que es difícil? Una generación puede aprender mucho de otra pero –lo cual es propiamente humano–, ninguna aprende de aquella que la ha precedido. Bajo este punto de vista, cada generación recomienda como si ella fuese la primera, ninguna tiene una tarea nueva más allá de la generación precedente y no llega más lejos que ella, a menos que haya traicionado su obra, que se haya engañado a sí misma. Lo que llama propiamente humano es la pasión, en la cual cada generación comprende enteramente a la otra y se comprende a sí misma. De este modo, en lo que respecta a amar, ninguna generación ha aprendido de la precedente a querer, ni ha comenzado desde otro punto que desde el comienzo, ninguna generación precedente; y si no se quiere, como las generaciones anteriores contentarse con amar, sino ir más lejos, éstas no son sino vanas y malas palabras.

Pero la pasión más alta en el hombre es la fe y ninguna generación comienza aquí en otro punto que la anterior, cada una reinicia de nuevo; la generación siguiente no va más lejos que la que la ha precedido, si ha sido fiel a su labor y no la ha abandonado. Ninguna tiene derecho a decir que un tal comienzo sea fatigoso porque ella tiene su tarea y no debe preocuparse por el hecho de que la generación anterior haya tenido la misma, a menos que una generación o los individuos que la componen no pretendan audazmente ocupar el lugar que pertenece al único espíritu que gobierna el mundo y que es demasiado perseverante para experimentar cansancio. Si una generación muestra esta audacia, hay en ella algo de falso: algo extraño, desde que el mundo entero le parece del revés; ciertamente no hay nadie que haya encontrado el mundo al revés así como aquel sastre que, habiendo entrado vivo al cielo, contempló desde allí el universo. Cuando una generación sólo se ocupa de su tarea no quede experimentar fatiga, porque esta labor basta siempre para la vida de un hombre. Cuando en un día de asueto los niños ya han recorrido todo el ciclo de sus juegos antes del mediodía y gritan con impaciencia ¿no hay nadie que invente un juego nuevo? ¿Prueba eso que estos niños son más desarrollados y adelantados que los de la misma generación o de una generación precedente, para quienes los juegos conocidos bastan a llenar la jornada? ¿No prueba esto más bien que los primeros carecen de lo que yo llamaría esa seriedad agradable que es menester tener siempre para jugar?

La fe es la más alta pasión del hombre. Quizá hay muchos en cada generación que no llegan hasta ella, pero ninguno la supera. Si también en nuestro tiempo hay muchos incapaces de descubrirla, sobre esto no quiero expedirme, sólo debo referirme a mí y no puedo ocultar que todavía me queda mucho por hacer sin por eso desear traicionarme o traicionar lo grandioso, reduciéndolo a un asunto sin importancia, a una enfermedad de niño cuya cura se espera lo más rápida posible. Pero incluso para aquel que no llega hasta la fe, la vida tiene suficientes tareas, y si las aborda con amor sincero su vida no estará perdida, aunque no puede ser comparada a la existencia de aquellos que alcanzaron y superaron lo más alto. Mas quien ha llegado a la fe, y poco importa que tenga dones eminentes o que sea un alma simple, ese no se detiene en la fe; se indignaría si se le dijese eso así como se irritaría el amante al oír decir que se detiene en el amor: yo no me detengo respondería, porque toda mi vida se halla contenida allí. Pero ya no va mas allá, hacia algo distinto, porque en tanto descubre que aquello tiene otra explicación.

"Es menester ir más allá, es menester ir más allá". Este deseo de ir más lejos es viejo sobre la tierra. El oscuro Heráclito, quien depositó sus pensamientos en sus escritos y éstos en el templo de Diana (porque habían ido su armadura, por cuyo motivo los suspendió en el templo), el oscuro Heráclito ha dicho: no se puede entrar dos veces en el mismo río. El oscuro Heráclito tuvo un discípulo; éste no se detuvo en ese pensamiento sino que fue más lejos agregando: no se puede siquiera una vez. ¡Pobre Heráclito que tuvo tal discípulo! Su frase fue hecha por esta corrección rectificada en una frase eleática que niega el movimiento: sin embargo este discípulo que deseó únicamente ser discípulo de Heráclito fue más allá que su maestro y no retornó a aquello que Heráclito había abandonado.

Índice

Se terminó de imprimir en Junio de 2014,
en Cosmos Print, Edmundo Fernández 155,
Avellaneda, Buenos Aires, República Argentina.